APIS

先進生產改革技術

許文治──著

APIS

先進生產改革技術

目次

自序

有緣千里來相會，共享美好幸福快樂人生

這是一篇異於常體的、冗長的自序文章。也算是一種改革式的自序，它融合了一般常見的序文與前文於一體。它綜合敘述了筆者一生在生產技術學習、發展、指導、創造出一種嶄新之先進生產改革技術（Advanced Productive Innovation Skills, APIS）的心路歷程，以及APIS的總體的內涵和目的。希望藉由本書，能與有緣分的人共享，生活在美好、幸福、快樂的人生旅途上。

讀者諸君，很高興您手上正拿著這本書在閱讀，由此可知您是一位求知慾強，樂於終身學習，力求上進，追求幸福快樂人生的人。而筆者也期望藉由本書來傳達筆者一生在此專業領域上的經驗與「有緣千里來相會」的人共同分享筆者的經驗。

筆者自一九九〇年至一九九二年，在《經濟日報》副刊每週一次刊載「NPS新生產技術的魅力」，連續兩年，共刊載一百篇。並應讀者要求，於一九九四年由聯經出版

事業公司集結成書出版；再於二〇〇二年，由廣東經濟出版社以簡體字版本，另命名為《NPS現場管理操作手冊》出版，成為受到廣大讀者喜愛的暢銷作品，估計發行量超過十多萬本。這在專業領域的書籍中是少有的成功，因而被公認為精實生產／精益生產（Lean）的經典之作。而一九九〇年迄今已近三十年的時間，筆者也輔導過千餘家不同的產業別、規模別、文化別及地區別的公司，「教學相長」之下，面對許多不同的企業界的困難及問題，從中獨自開發創新了許多新的改革的技法，對企業界有很大的幫助。當中某些公司要求筆者，希望能夠再次將這些新的知識觀念及技法寫成一本新書，以學習筆者經驗，並傳承下去。筆者遂重新撰寫本書以與大眾分享。

本書不是筆者一朝一夕之間就創作出來的，而是一生迄今五十年的時光，經歷下列主要過程階段的演變，而產生的心血結晶。

從製造技術，到生產技術

通常在製造業中所談的技術，大多數人所想到的是指製程技術（Process Engineering／Technology）或稱為製造技術（Manufacturing Engineering／Technology）。製造技術是指生產出產品的製造過程及工程方法，這是生產出產品的首要條件能力。沒有製造技術，當然也就沒有生產出產品的能力，更沒有市場銷售的可能性。可是有了製造技術，也不代表一家公司可以在市場競爭中可以生存下去。因為，同一種產業中，肯定會有許多家不同的公司競爭市場的占有率；而每一家公司在進入產業界前，必定都已具備製造技術的能力。可是，同樣是具備製造技術能力的公司，為什麼市場的占有率仍有大小之分，有些甚至因為無法生存下去，而退出市場呢？

有人說，退出市場的公司都是管理不好的公司。換句話說，企業要經營成功能永續經營成長，除了要有製造技術，也要有良好的管理制度。此言甚有道理。但何謂良好的管理？卻又難於清楚表述。因為管理涵蓋的範圍太大了，不是只學了管理，就能管理得很好。就製造業來說，具體的良好的管理方式，就是要注重大多數人所忽略的另外一種技術，筆者將之稱為「生產技術」（Production Engineering／Technology）。

生產技術是指要重視生產出產品的四大投入資源，即以最少人力（Man）、機器（Machine）、材料（Material）、空間（Space），做最佳的應用安排，使能最快地生產出最多的優質的產品。所以，企業界為求生存，欲提升競爭力、市場占有率以求永續經營發展，就必須在製造技術及生產技術兩大領域，不斷地努力學習、改善、創新、改革才行。而筆者要與讀者分享的，就是生產技術領域的經驗。

初識IE，學習TPS，更名NPS，化為ANPS，終成APIS

而APIS就是最佳的生產技術方法。它具有突破性，與一般常見的生產技術方法不同。筆者的一生可說都專注在生產技術領域的研究及發展。而在發展過程中，筆者愈能體現，這似乎是上天冥冥之中註定要安排給筆者未來人生的一條道路。這是筆者隨著年紀增長，對於人生的境遇的感觸所產生的結果。

求學階段，完成高中的學業，就在無從自己選擇的情況下，於一九六六年考進了大學主修工業工程（Industrial Engineering, IE）。在當時的社會，工業工程是一個全新的學系，沒有人知道這個學系將來能從事什麼性質的工作，也尚未有該學系的畢業生，以及以他們為工作招募對象的公司。

入學的第一天，筆者記憶猶新，系主任簡潔扼要地介紹工業工程，就是要培養未來公司經營的管理人材，擔負總經理職務的任務，帶領企業求生存永續發展之路。自此便開啟了筆者走向生產技術研究發展的過程，並經過下列的主要階段，而創造出特有的APIS體系。而在發展出APIS後，筆者回顧一生所學、所做的工作，才發覺生產技術的發展，竟可回溯到十九世紀末的工業革命。工業工程，就是在一九一〇年代開始，將之整合起來的一門新學問。這可從如下的工業工程的定義來了解。

工業工程是關於設計、改進，以及建構一個整體人力、材料、設備、空間的系統（System）。它應用數學、物理、社會學、電腦知識技術（IT）的專門知識及技能，以及工程分析和設計的原理及方法，去闡述、預測、衡量，以及評估從此系統所取得的成果。

在筆者從學校畢業後，進入社會謀求人生第一次的工作機會，眾多的公司中，沒有人知道工業工程能夠做什麼性質的工作，也沒有針對工業工程的相關職務進行招募的刊登。筆者只好從招募的工作內容中，尋找自己曾學過的課程前往應徵。其中一家公司，也就是筆者第一分工作的老闆，通知筆者前去面試。老闆看了筆者的求職資料寫著「工業工程畢業」，就問道：「工業工程是做什麼事呢？沒聽過有這個工程相關學系。」筆者心想，如果用上述工業工程的定義去解說，老闆肯定也不太容易明白。因為，當時筆者也不大清楚工業工程在企業界上能夠產生什麼貢獻，只知道這個學系修讀了許多不同領域的課程。筆者靈機一動，閃現出一個簡要的回答：「工業工程就是協助企業界能夠賺取更多利潤的工程。」老闆一聽，面露訝異地說：「有這樣的工程啊！沒有聽說過。你什麼時候可以來上班？」就這樣，開啟了我人生的首份職涯，以及在生產技術領域的工作及發展。這段過往迄今也已有五十年時光，現在回想起來，這個「工業工程就是協助企業賺取更多的利潤」的解釋，真是切中要點，簡要，且人人易懂。這也與今天筆者所倡議的APIS意義相同。但是，APIS除了能夠協助企業賺取更多的利潤，又更上一層樓，同時也要追求節約資源、保護環境、拯救地球、造福人類、永續生存的崇高理想目標。

筆者從工業工程中所學到的動作時間研究（Motion and Time Study）、製造流程圖（Process Flow Chart），都是在分析探討研究提高人員的工作效率，以在同樣的時間內，生產出更多的產品。這也是生產技術所追求的目的之一。這些傳統的工業工程工具，筆者迄今仍然受用。之後，又是老天的眷顧，使我有機會於一九七三年前往曼谷的亞洲理工學院（Asian Institute of Technology, AIT）攻讀工業工程暨管理研究所，更進一步研修工業工程新的發展內涵。

一九七四年，筆者在校期間，偶然讀到學校的刊物，報導了由豐田汽車公司所發展出來的新生產模式，稱作豐田生產方式（Toyota Production System, TPS）。筆者初次見到此名詞時猜想，顧名思義，應當與大學時期曾讀過之生產計畫與管制相關的內容有關。想進一步了解，市面上卻沒有看到TPS的相關書籍，也沒有能夠請教學習的老師。直到一九八五年，才看到與TPS內容有關的及時生產（Just In Time, JIT）和看板生產（かんばん，Kanban），並於一九八六年至荷蘭飛利浦公司（Philips）研習看板生產的相關模擬操作，勉強算是對於TPS的內容有點初步的認識，認為它主要是在管控庫存量的工具。

一九八七年，台灣飛利浦公司邀請了TPS創始者大野耐一的嫡傳弟子岩田良樹及中尾千尋，前來台灣飛利浦公司傳授TPS。筆者有幸擔任兩位老師的對口單位負責人，安排老師的輔導行程，並跟隨老師到生產現場學習，以及協助進行TPS自主研究會的改善活動。

在此期間，只看到老師一直強調要進行一個流的流線生產方式（One Piece Flow Production），這與過去筆者所學的「TPS就是指及時生產，而看板生產則是實現及時生產的工具」，是完全不一樣的內涵。筆者因而請教老師，兩者之間有什麼差別呢？老師僅答道：「你看、你做就是了。不用問為什麼。」可是筆者再怎麼看，都看不出背後的道理，便開始尋找相關書籍閱讀。

首先是中文的翻譯版本，可是這些書裡大部分都是介紹七大無駄（むだ，Muda）、浪費、及時生產及看板生產的內容，幾乎未有提及一個流生產意義及做法。心想，這是英文的翻譯本，可能翻譯上有所偏差。所以又買了英文原版書閱讀，發現除了有些專有名詞的翻譯稍有偏差之外，主要意思大致相同。但是，當時又想到TPS是日本豐田汽車公司所發展出來的，這些英文書恐怕也是從日文書去理解後，再編寫出來的，所以它不是第一手的資料來源，而是二手傳播的資訊。故此，筆者開始研讀許多由日本人所撰寫的TPS相關日文書籍，並逐漸明瞭其背後的道理及目的，就是以降低庫存來曝露潛在的問題點，以有更多的改善機會，徹底消除一切無效的工作（無駄，むだ，Muda），用最少的投入（Input）資源，達到最高效率的產出（Output）。而一個流生產方式，就是降低庫存的最核心的技法。只要實現一個流的生產方式，就可以降低庫存；而看板生產方式只能達成庫存數量不會超過某一個事前設定的最高量而已，不具有降低庫存的作用。

筆者有機會親睹老師一個流具體做法的教學，這些做法在多數的日文書中罕有提及；而老師所沒有告訴我的，關於一個流的意義及目的，卻可以在書中得到答案。對此，筆者感到十分幸運。從書中能夠明白一個流意義及目的，卻不能看到實際執行的具體動作；然而，由老師親自指導與實作，便能見識體會。

在跟隨老師學習、協助輔導ＴＰＳ的過程中，這才恍然大悟，原來ＴＰＳ才是筆者所學習過、見識過的工業工程最佳實現工具與方法。這也使筆者更加熱心地跟隨老師學習實做，累積了許多ＴＰＳ的實務經驗及手法。如此學習三年後，兩位老師可能認為與筆者較有緣分，遂於一九九〇年主動向公司提出安排筆者到日本五十鈴（Isuzu）汽車公司，在一月到四月的數月間，實際學習日本公司是如何進行ＴＰＳ自主研究會的改善活動。在此期間，筆者受益良多，看到了以往在書中所讀到的一些專有名詞，例如：定位置停止、兔追式生產等的實際運作；在此之前，只知其名未知其意，更不知為何而做，只能憑空想像，猜測其意及目的，毫無信心確定其是否正確。可是親臨五十鈴汽車公司的生產現場，只是看了五分鐘的時間，就能馬上明白其意義及目的。除此之外，筆者也實際參與了該公司的全員生產保全（Total Productive Maintenance, TPMnt）改善活動。

而最大的收穫，在於了解明白日本公司的改善行動力的關鍵做法——規範各階層的管理人員，每年固定參加三回，每回五天四夜的自主研究會。在學習的最後一個星期，老師又特別安排筆者隨其前往由老師所輔導的，其他五家不同產業的公司見學。此外，也見識到與常見之追求高速度、大產能、高成本的傳統自動化設備理念完全不一樣的，由工廠內部自行製作的少產能、少成本、少人化三少自働化（Minimal Capacity, Minimal Cost, Minimal Operator〔3M〕Jidoka）設備及做法。讓筆者印象最深刻的是，這些自働化設備都具有自働彈出（はねだし，Hanedashi）功能，用以減少人員需求數量。

這些收獲建立了日後筆者對於指導他人TPS的能力及信心。回到台灣飛利浦公司之後，就將在日本所學的知識做法重新整理，並編輯成培訓教材，開始培訓公司內的員工，從高層管理人員到現場基層管理人員，共培訓一千多人，並建立自主研究會的改善活動模式，全力推行一個流流線生產方式。結果在一年內，整個公司的生產效率提升了三十%，生產空間也節省了三十%。過去約二十年來，公司從未見如此顯著的改善效果，使筆者及公司所有同仁都大為振奮，也使筆者更加認定TPS是自己所學過的最佳工業工程應用工具，可以帶給企業界很大的利益。

可是，當時筆者所接觸到的多數企業及人員，都認為豐田汽車公司的TPS，只有類似豐田汽車公司這樣的大公司才能夠實施。他們認為，因為這些大公司都占有買方下訂單的權力優勢，可以要求其供應商依照及時看板的方式來供貨，以便管控定量的庫存數量；而中小企業規模小，不具有買方優勢，供應商便不會配合他們實施及時看板供貨的要求，所以TPS不適用於中小企業。事實上，這些都是不理解TPS的具體內容及目的，以為其作用只在於要求及時看板供貨，管控庫存數量而已，卻不知道TPS的核心技法，是要實施一個流流線生產方式，而產生的誤解。為了要改正這種錯誤認知，以及讓有心實施TPS方式的公司有一個明確的方向可走，筆者遂將TPS另取名為「新生產技術」（New Production Skills, NPS），於《經濟日報》副刊每週一篇連載二年，共發表一百篇。並應讀者要求於一九九四年集結出書出版。並於二〇〇二年另外以簡體版本，命名為《NPS現場管理操作手冊》出版，與社會大眾有緣之士共同分享筆者的經驗。

一九九〇年從日本學習TPS回來後，筆者於報紙上刊登了NPS的相關介紹。於此同時，筆者也被邀請在業餘時間，隔週六一次輔導一家製造高爾夫球球頭的公司，協助推行NPS的精實生產改善活動。經過一年的時間，成效更佳，生產效率提升了五十%，空間也節省了三十%。所以，公司老闆又要求筆者協助另一家製作碳纖維高爾夫球桿的工廠，同樣進行NPS自主研究會的改善活動。這次筆者採用一個流生產方式，取消了原先用輸送帶傳遞在製品的生產方式，結果更為驚人。老闆一看這一個流生產方式，可真是神奇，遂要求筆者協助他改善第三家高爾夫球桿組桿工廠。筆者婉謝道：

「我已經沒有業餘的時間可以來教貴廠了。」老闆便回應：「我們是中小企業，缺乏改善的人材，我們希望老師自己出來創業，專心教我們做 NPS 改善，協助我們進步成長。我可以保證至少請老師輔導三年，讓老師無後顧之憂。」由於拗不過老闆的請求，筆者便於一九九二年決定離開飛利浦公司，自行創業，走向 NPS 輔導的專職工作之路。這數年間，由於客戶的口碑相傳，筆者教過許多不同產業及規模的公司，也面臨了許多不一樣的問題。部分問題並不屬於 NPS 的改善範疇，而較偏向產品品質改善或機器設備保全等方面，筆者遂將過去在其他領域，如全公司品質管理，以及全員生產保全的改善手法，應用於這些問題上，進而擴大輔導範圍，故於二〇〇〇年，又將 NPS 改名為「先進新生產體系」（Advanced New Production System, ANPS）。

自二〇〇〇年後，筆者雖陸續接到許多客戶在一個流生產方式的實施上，有很大的進展及效果，卻也有許多公司提出生產線缺料、缺部件而造成生產線停產的損失，以及淡旺季客戶訂單量不平穩的情況，有時生產線因訂單量過多，即便加班趕產都做不出來；有時訂單量不足，又造成作業人員無事可做的損失，甚感困擾。因此，筆者又將以前在公司所學過的滾動十三週購料表模式，改良為滾動十三週生產計畫（Rolling 13 Weeks Planning, RBP）體系。此體系整合了及時生產、平準化生產及後拉式看板生產於一體，成功解決這些困擾，使生產線能夠穩定、順利地生產。

這些企業當中，有一家鞋廠的老闆，有一天跟筆者說：「我現在明白了，我們工廠生產的主要核心方向，是要朝多條真龍小線的一個流作業、一貫化流程及一體化的流線生產方式，以及實施滾動十三週生產計畫體系發展的二大主軸前進，是嗎？」筆者回應道：「老闆說得真好，這二大主軸方向做好，工廠的生產效率就高、不良率就減少、交期變快、節省空間，好處多多。」這段對話同時也是筆者再次重整過去輔導過程中，所有工廠內會面臨之問題及解決方法的契機，尤其是筆者所獨創發展的手法，例如滾動十三週計畫、真因追查七手法、減少不良七大要領、倉儲管理七定化、先進先出管理七手法，再加上恩師中尾千尋近年來所倡導的3P（Production Preparation Process）生產準備於一體，暱稱為「火箭圖」，以表達整個體系的心、技、體涵義。二〇一五年，筆者再度改良ANPS，APIS於焉誕生，成為筆者未來要全力推廣倡導的最佳生產方式。

從改善到改革

改善（かいぜん，Kaizen）一詞，在中文世界裡是人人皆知的名詞，通常也解釋為改正過失或錯誤，迴心向善的意思。然而，從一九八六年今井正明出版了一本名為《カイゼン》（*Kaizen*）的書籍，說明改善是日本提升企業競爭力的成功之鑰後，有關改善的觀念及做法，在歐美國家的企業界掀起了一股學習引用的熱潮。該詞並被收錄於英文辭典中，定義為「一種提升工作效率的方法」。中文世界的企業，眼見「Kaizen」蔚為風潮，也亟欲學習引用；但是一知道「Kaizen」就是中文「改善」的日語讀音之後，也就覺得它並無獨特之處了。因為在日常生活中，我們天天都會改正錯誤及過失，這是理所當然之事，自然也就不再深入探討作者所說的「Kaizen」到底有什麼特別，因而失去了學習及進步的機會。

今井正明所談到的日本企業管理工作，可分為三大部分。最下層的部分是標準的維持任務，是基層管理者的主要工作。最上層的部分，則是創新發展的工作，是高層管理者的主要工作。中間一層的要務是改善現狀，此為中層管理者的主要工作。此外，今井正明也強調改善現狀的工作，是日本企業所獨有的工作性質。日本以外的外國企業，並無日本式的改善想法及做法。今井正明所提出的「改善」，有如下的特點：

- ◆由現狀改變，以尋求更良善的結果。
- ◆用小集團的團隊方式來進行改善。
- ◆以持續性的、逐步性的、小步伐的成果，改變為更良善的結果。

同時，今井正明也舉出如品管圈（Quality Control Circle, QCC）、提案建議制度、5S環境管理、全公司品質管理（Total Quality Management, TQM）、全員生產保全等，這些都是日本企業進行改善活動所使用的工具。其他國家的企業，幾乎沒有這些日本式的改善活動。

然而，最近幾年來歐美國家的企業又掀起了學習改革（かいかく，Kaikaku）的熱潮，說這是比改善更好的方法，效果更佳。可是，何謂改革？其具體的內容及做法，又是如何呢？對此卻茫然不知，沒有專為改革而寫的書可讀，更不知道該如何去做。筆者就以自己的經驗體會解說如下。

「Kaikaku」就是日語漢字「改革」的讀音。改革常指革新變更舊事物、舊制度的意思。改革同時具有上述的「創新」（Innovation）及「改善」的意思。何謂創新？簡單來說，就是創造出現在所沒有的，或是異於常人、常規的新事物、做法、制度或見解。惟企業界通常僅聚焦於新產品、新式樣、新功能、新材料、新製造技術、新高速度自動化設備等硬體面，這些眼睛可看得出改變的創新，而忽略管理制度、人機物生產技術的最佳安排、思想觀念、見解上等軟體面，這些眼睛所看不出改變的創新，也就是改革式創新。改革有如下的特點：

◆突破異於過去幾十年來的工作觀念、制度、做法。
◆異於大多數人或企業的常規的做法。
◆可以用最少的花費帶來大步伐跨越式多方面的重大成果。
◆要由最高經營管理者帶頭率先垂範領導改革。
◆要由跨部門的小集團團隊來進行改革。
◆要有正確適當的改革工具。

何謂適當的改革工具？前言所述的日本式的改善工具，如：品管圈、提案建議制度、5S環境管理、全公司品質管理、全員生產保全等，都屬於在個別工序、機器、人員動作的，所謂「點」的改變，只求單一目標的改進，且進步率較小。所以，這些工具都不是改革的適當工具。適當的工具，如TPS，不僅可達成產品製造流程的改變（即「線」的改革），同時也可達成庫存數量管控方式的改變（即「面」的改革）。而APIS的改革範圍尤為廣泛，是最佳的改革工具，所產生的效果最大，此間包含生產計畫、業務、採購、資源準備，公司的所有部門都會因之改變，亦可稱為「體」的改革。換句話說，TPS和APIS都是改革工具，因為改革範圍較廣，效果相對較大。

心技體全，一點切入，根源解決，效果全面

為何說ＡＰＩＳ是最佳改革工具？因為它是由三大內涵所建構而成的一個完整體系，此三大內涵簡稱為心、技、體。

首先，「心」指的是思想觀念。它明確地指出庫存是萬惡之源，要降低庫存，以帶動改革的方向；強調客戶優先主義，而非生產優先主義，要依照客戶訂單交期先後順序生產，不可為了減少生產切換次數，而將不同交期的訂單集結成大批量生產，以避免先交期訂單延後生產，而後交期訂單卻提早生產的情形。此外，也強調不要使用多數人會選擇的，外購市場既有的高產能、高成本、高定員三高（３Ｈ）自動化設備，而要採用由自己設計製作的少產能、少成本、少人化三少自働化設備等，與眾不同的思想觀念。

技則是指技法的意思。有了正確的思想觀念，也要有實現思想觀念的方法、手法、技巧、工具才有實現的可能性。ＡＰＩＳ提供了各種完整的技法，可以解決不同的困難及問題，以實現ＡＰＩＳ所強調的，各種與眾不同的思想觀念。

體即是體驗，身體力行，要學文力行、知行合一。明確地說，要有制度化、定期化、指導化、團隊化的自主研究會來進行實踐做出改革的成果；知而不行，最後還是一樣沒有改變、沒有進步、沒有改革。

再者，APIS具有一點切入、根源解決、效果全面的特點。一般常見的其他改善方法，通常只能追求單一面向的目標達成，但若是相同的改善主題，如以減少不良率為單一目標為起始切入點，只要應用APIS的真龍小線的一個化作業、一貫化流程、一體化的生產方式，即能徹底解決不良產生的源頭。除了達成減少不良率的目標外，又可取得全面性的巨大改革成果，包括提高產出量、減少作業人數、提高人員效率或是勞動生產力、減少在製品庫存數量、縮短生產交期、提高設備可動率等；此外，更可以節省空間，以及減少生產的三大投入資源，包括人、機、物的耗用量。這是其他的改善手法所無法達成的效果，惟有APIS特有的改革技法，才能有此成效，有效克服企業界所面臨的六缺——缺量、缺工、缺人、缺電、缺水、缺地的困擾。

筆者過去所輔導的企業中，有許多公司因占地不足，無法多蓋廠房，又不想另購土地設廠；有者則不願多蓋廠房，以免未來管理成本增加，導致競爭力下降；又或者是希望將分散各地的工廠，合併至同一廠區內進行生產，以降低管理成本，而前來尋求筆者的輔導。舉個例子，有家生產釘書機的工廠，突然接到一筆大訂單，而這筆訂單在現有的廠房空間下，肯定無法完成。董事長著急地告訴總經理，要趕快在工廠內的一塊綠地蓋棟新的廠房；然而，總經理覺得這樣的風險很大，萬一客戶不下訂單，不就慘了嗎？該公司遂找上筆者進行APIS輔導。一年之內，我們沒有額外添購常見的三高自動化設備，就以原有的廠房空間、人數及機台設備，剔除了原有的輸送帶裝配工作方式，成功地將產量提升了一・五倍，同時也解決了六缺的問題。

由此可見，筆者都是利用既有的製造技術、作業人員數、機器設備及廠房空間，在原有的生產環境條件下，不購入三高自動化設備，而成功地改革企業，獲得突破性全面性的改善成果，並同時解決企業界的六缺問題。再舉數例。筆者以此方式，幫助一家製造電子產品所需之精密網板的公司，將其良品率從五十％提升到九十五％，產量倍增。一家製造小船螺旋槳的公司，三年內生產的產出金額，則提升了三倍。另一家生產扳手的工廠，則成功將原來分散各地的工廠，合併於其中一地的廠房內，製造更多的產量。另外一家生產套筒的工廠，在經過三年的改革後，其庫存金額降為原來的二十％，不僅不必再向銀行貸款，更多了許多的現金存款。一家生產家用電器用品的美商工廠，經筆者輔導二十年，在同樣的廠房空間，人均產值增加了三倍，生產金額則提升了四倍多。一家鞋廠，二年內的作業人員數增加三十％，產量卻提升為原來的三倍。一家生產背包的工廠，使用同樣的廠房空間，作業人員數減少，卻產量倍增。這就是為何APIS被稱作最佳的生產改革技術，因為它能夠在二、三年內，快速達成節省生產資源，以及人、機、物、地的耗用量，並克服六缺的困擾。這不但可協助企業提升競爭力，創造更多的利潤，永續經營，又同時節約資源，進而保護環境、拯救地球、造福人類、永續生存。

改革成功的起點：伯樂識千里馬，高層領導七心

APIS既然是指先進生產改革技術，其意昭昭，就是要由企業最高層的經營管理者帶領公司全員進行改革，朝著正確的方向前進。以筆者實際輔導APIS改革成功企業的經驗，其最高經營管理者都具有二項獨特的人格特徵。第一，是具有伯樂識千里馬的性格。所謂伯樂性格，即指最高層要有慧根，先知先覺地認知APIS的思想觀念。再者，則是要能慧眼識英雄，找到在APIS領域學識淵博、具有豐富實務經驗的千里馬良師來指導，協助其往正確方向前行，解決各種困難及問題。有了良師，只是成功的一半而已；另外一半，則是要有第二項性格，即展現率先垂範的領導風格，以身作則，用「七心」領導公司全員的改革活動。七心即是：

◆ **信心**：相信APIS就是公司永續經營成長與發展的最佳改革經營策略。

◆ **決心**：要有堅決的毅力，改革使命必成的意志，追求成為同業最佳、臻至最完美境界公司的目標。

◆ **耐心**：改革是一條充滿困難，阻力重重的變革旅途。要長久持續，不因一時的挫折、阻力而放棄。

◆**關心**：要定期親自參加自主研究會的改革活動，不要授權予下一層管理者，而自己卻不參與。展現出高層的重視度，鼓舞士氣。

◆**愛心**：用鼓勵的方式來改變員工樂於學習新知，參與改革的實做行動；不要用責備處罰的高壓管理的方式，來帶動改革。

◆**苦心**：對於後知後覺、不知不覺，不學習、不改變、不參與改革的員工，要苦口婆心地勸導，鼓勵其嘗試，方有改正向上的機會。

◆**誠心**：開誠布公、真實、公平地讓員工分享改革所取得的成果利益。

感恩的心

行筆至此，該是結束本文，也是表達筆者感恩之心的時候了。筆者年歲漸長，愈來愈相信命運之說，人一生的旅途，似乎老天早有安排，凡人皆要順天順勢而行。筆者一直認為自己很幸運，有緣分、有機會學到這麼寶貴的生產改革技術。此書就好像是上天交付給筆者，要將筆者一生迄今，於生產改革技術領域的學習、工作、指導中，所累積的知識、經驗、體會及領悟的總成，在人世間傳承下去的任務。在這個過程中，除了受到上天的眷顧之外，也在不同的人生階段中，受到許多貴人的相助，以及社會大眾人士的支持。

沒有他們的相助及支持，就不會有本書的創作及出版。所以，筆者欲藉本文未來表達筆者對貴人相助的感恩及眾人支持的感謝；由於人數眾多，無法一一列名表示感恩、感謝之心，只能就筆者人生的四大階段中的關鍵相助的貴人，列名如下，以表達由衷謝意。

求學謀立階段

二十五歲以前是求學及奠立未來人生自立生活基礎的時期。首先感恩家父許成扁、家母許蟯的養育栽培之恩。家父啟發筆者對閱讀及學習的興趣；家母可說是多能工，要照顧六位子女生活起居，並兼做副業，增加家庭的收入，始能維持一家人雖不富裕，卻過得安穩快樂、無憂無慮無缺的小康生活，也使六位子女都接受很好的教育。接著，也要感謝三位家姊許錦英、許淳、許春美，犧牲她們上大學的機會，並支援筆者大學求學生活的費用，讓家中能以有限資源供養筆者上大學，而有日後的發展。

求職謀生階段

四十五歲以前，是謀求職業穩定，尋求維持一家人，包括雙親及子女之生活的階段。要感謝美商高雄電子公司前工程部經理張光榜錄用筆者，使筆者有機會學習美國式工廠管理制度的良好方法。這些管理方式，筆者仍運用於輔導工廠的工作中，滾動十三週生產計畫，就是由筆者在此學到的基礎，進一步衍伸、發展出來的。

感恩台灣飛利浦公司前總裁羅益強錄用筆者，使筆者有機會跟隨日本改善株式會社（Kaizen Institute of Japan）社長今井正明，學習日本式的改善方式，並在筆者日後自立創業之時，受邀擔任其公司的外聘改善老師（かいぜん せんせい，Kaizen Sensei），遠赴阿根廷輔導當地企業進行TPS的改善活動，從而開啟了筆者首次輔導海外企業的工作，學習、吸收、增廣許多技巧及經驗。

感謝透過今井正明介紹，而有緣相識的木暮正夫，筆者隨其學習日本式的全公司品質管理的改善活動；也感恩由木暮正夫所介紹赤尾洋二，筆者向其學習品質機能展開（Quality Function Deployment, QFD）。更要感恩由今井正明所介紹，我日後的恩師——TPS創始者大野耐一的二位嫡傳弟子，時任新技術研究所社長的岩田良樹，以及副社長中尾千尋，前來台灣飛利浦公司輔導TPS，正式開啟筆者進入TPS的學習、鑽研及教導，甚至最終創造APIS之路。

當然，也要感恩我的荷蘭上司Jan Kuilman，讓筆者擔任台灣飛利浦公司推動TPS改善活動的負責人，成為兩位TPS恩師，與台灣飛利浦公司對口單位的主管，致老師每次前來輔導時，都能有機會跟隨在側，學習其實務技巧長達六年——一個流的流線生產方式，就是在此時學到的。

更要特別感恩恩師岩田良樹、中尾千尋的栽培與照顧，主動安排筆者到日本五十鈴汽車公司，親身參與TPS的自主研究會活動，學習改善技巧達三個月，甚至參與了全員生產保全的改善活動。培訓完成後，又安排筆者到其所輔導的五家公司見學，並參與改善活動，見識到TPS在不同的產業中的應用狀況——少產能、少成本、少人化的三少自働化就是在此時學到的。最為特別的是，在日本的培訓的最後一天，恩師中尾千尋主動提出，筆者此後為其正式入門弟子，更在一九九二年筆者離開台灣飛利浦公司，自行創業的第一個月時，主動邀請筆者隨兩位恩師到美國參訪，在美國輔導十家不同產業的TPS改善活動，也見識到美國公司的高層管理者積極領導、參與的態度，以及其快速且驚人的成果。3P生產準備的實施及實做過程，就是筆者在美國的一個月中理解及學習到的。真是特別感恩兩位恩師的用心栽培與照顧之恩，沒有兩位恩師，就沒有筆者今日APIS的創作產生，筆者永銘在心、終身不忘。

再來，也要感恩五十鈴汽車公司接納筆者，並給予實務培訓的機會，也感謝該公司TPS生產調查室的小島征一，負責安排整個培訓計畫，並照顧筆者在日事務。

創業謀利階段

六十五歲以前，是筆者獨立創業，專職TPS、精益生產、NPS、APIS的輔導工作，謀求事業經營的營利階段。筆者的創業，要感恩明安國際公司董事長鄭錫坤的鼓勵及支持，使筆者能在事業經營上，有安定的開始；這是筆者利用TPS、精益生產輔導的第一家公司。

再者，要特別感恩內人張惠香。在此階段，筆者平均每月只在家約一週，此間，家中年邁雙親及成長中子女的照顧，都是由內人無怨無悔地付出，妥善照顧，使筆者無後顧之憂，能專心於輔導的工作。內人也是多能工，除家中事項，同時也要負責公司內部的管理事務的工作。

感恩美國線模公司（The Wiremold Company）前執行長Arthur Byrne。筆者與他在由日本恩師的公司所舉辦的研習會上認識，他在一九九五年邀請筆者輔導其新併購的迅誠公司，迄今已連續執教二十四年，還在繼續中。也感恩迅誠公司的前總經理姚冠尹、現任總經理彭嘉琪，在他們的領導之下，該公司成為筆者所輔導的企業中，成績最佳的公司。滾動十三週生產計畫，就是為因應該公司每月訂單量不穩定，而開發出來的；同時，該公司也是實施筆者所獨創的滾動十三週生產計畫，以及恩師中尾千尋所創導之

3P生產準備流程的第一家公司。該公司可說是同時具有持續改善改革、高層七心領導之企業文化的典範公司。

特別感恩迅誠公司在本書中，與讀者分享其自TPS到APIS改善改革的旅程。同時，也感恩雷茲達（東莞）電子公司總經理劉敏鵑，提供其公司卓越的APIS改革過程，分享予讀者參考。

再來，感恩美商史丹利（Stanley Work）前亞太地區總裁Frank McCann，協助介紹許多家手工具業的公司予筆者，以推行NPS、APIS的改革。也感恩豐民工業公司前總經理陳榮邦，該公司是因為廠房空間不足，又不想增蓋廠房，而請筆者前去輔導成功的第一家公司。這也啟發筆者了解，原來APIS改革更大的功效，是節省生產空間、土地及各種生產資源，而能間接地達成保護環境、拯救地球、造福人類永續生存等更崇高的理想。這也是造就了筆者在人生的最後一個階段，所要追求之目標的源頭。

宣志謀願階段

六十五歲以後，是筆者人生的最後一個階段，也是蘊釀APIS的開始，並產生透過傳播APIS改革，運用心技體的知行合一的行動力，來達成筆者人生自我實現的願望。這個願望有二個目標，第一個是短期的直接目標，希望筆者所輔導的公司，能成為該產業中最具競爭力、擁有最佳績效的典範公司。第二個則是長期的間接目標，希望透過APIS的改革減少生產資源的耗用，以及廠房土地空間的需求，盡量將現有的生產設施，做出最大產出量的發揮，以避免或減少再增加土地興建工廠及資源的支出，進而達成保護環境、拯救地球、造福人類、永續生存的崇高理想。

APIS的誕生並非一朝一夕，而是積累筆者的人生歷程而成。就成果而言，要感恩萬邦鞋業公司董事長蔡照崧、前總裁楊紀政、陳建中，於二〇一三年再次邀請筆者前去輔導其位在清奈（Chennai）的工廠。在清奈的工廠裡，筆者導入了最新的真龍小線做法，及滾動十三週生產計畫，二年內就於原有的廠房空間內，在人員增加三十%的情況下，將生產量提高為改革前的三倍，扭轉清奈工廠自設廠以來連年虧損的宿命。此舉不僅降低成本，產生更多盈餘；又因爭取到更多的訂單量，成本能夠再降低，產生良性循環，使公司有永續發展的機會。有一天，董事長對筆者說道：「許老師，我現在知道公司的生產方式，在未來的發展方向，有二個重點。一個是朝著真龍小線的流線生產方式進行下去，另一個是實施滾動十三週生產計畫，以減少缺料、減少庫存、縮短交期。對嗎？」筆者回應道：「您說得真對、真好，就是朝著這二個主軸方向走下去就對了。您的公司可以經營得很好！」董事長的一番話就此啟發筆者，以這二個獨創的主軸方向去做生產的改革，一來可以協助企業創造更多的利潤、永續經營發展，二來可以減少人、機、物耗用量及工廠空間土地需求，因為過多不必要的增加工廠就是多耗用資源、破壞自然生態環境，造成全球暖化氣候變遷的元凶。如能透過ＡＰＩＳ改革將現有的工廠的生產能量充分地提升，以減少增建工廠的必要性，才是保護環境、拯救地球，使人類可以永續生存的最佳方法。這可是一個一舉兩得的最佳生產方式！

所以，筆者將原有的改革方式重新更名為ＡＰＩＳ，並建構一個全新的總覽路線圖，暱稱為火箭圖，以利讀者理解。筆者希望能向社會大眾宣導這麼好的生產方式，以達成自己導入ＡＰＩＳ，所欲追求之二個如前所述的目標及願望，這或許也是上天賜給筆者在人世間的任務使命吧！為分享、傳承、宣導ＡＰＩＳ，以達成筆者的願望，故書寫、出版本書。

這是一本不限定從事於工業工程或是生產管理工作的人員，才能閱讀、學習的書及生產技術，而是不論何種專業別、階層別，人人都可以閱讀的書籍，也是人人可學習、實踐的生產技術。

本書的出版要感謝聯經出版公司，充分發揮傳播媒體的功能，使社會大眾能夠有機會接觸吸收本書所強調的心、技、體三大內涵及二大目標。再來，感謝迅誠電業公司劉新偉協助製作ＡＰＩＳ火箭圖及發展史。最後要感謝許多雖沒有名列於書中，以往筆者所輔導過之公司內的眾人，以行動共同支持筆者的理念，來實踐、實現ＡＰＩＳ的二大目標。當然也要預先感謝未來的社會大眾、讀者諸君，共同學習ＡＰＩＳ的心技體三大內涵，並且能夠身體力行實踐ＡＰＩＳ的二大目標，協助筆者完成人生的願望：節約資源、保護環境、拯救地球、造福人類、永續生存。

筆者才疏學淺，本書不是學術著作，純是個人經歷、經驗、體驗、體會、領悟所得集結整理而成的書，疏失掛漏，在所難免，期盼各方先進指正。有緣有志的讀者諸君，若有疑惑之處，歡迎共同探討，以使本書更臻完善，並共同支持、參與、完成節約資源、保護環境、拯救地球、造福人類、永續生存的目標。

許文治
序於高雄
台新企業管理顧問有限公司
二〇一八年五月

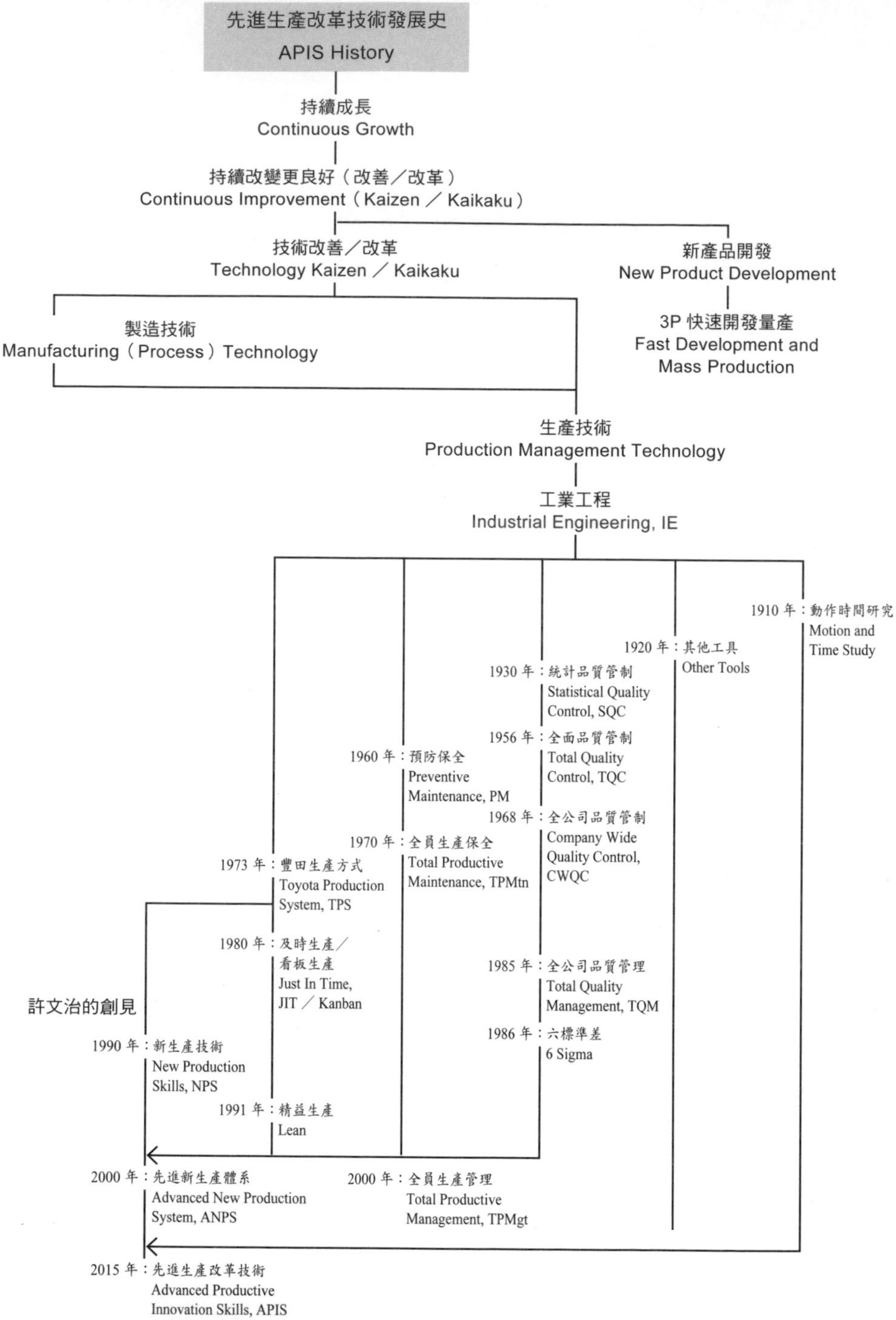
先進生產改革技術發展史
APIS History
持續成長
Continuous Growth
持續改變更良好（改善／改革）
Continuous Improvement（Kaizen ／ Kaikaku）
技術改善／改革
Technology Kaizen ／ Kaikaku
新產品開發
New Product Development
製造技術
Manufacturing（Process）Technology
3P 快速開發量產
Fast Development and Mass Production
生產技術
Production Management Technology
工業工程
Industrial Engineering, IE
1910 年：動作時間研究
Motion and Time Study
1920 年：其他工具
Other Tools
1930 年：統計品質管制
Statistical Quality Control, SQC
1956 年：全面品質管制
Total Quality Control, TQC
1960 年：預防保全
Preventive Maintenance, PM
1968 年：全公司品質管制
Company Wide Quality Control, CWQC
1970 年：全員生產保全
Total Productive Maintenance, TPMtn
1973 年：豐田生產方式
Toyota Production System, TPS
1980 年：及時生產／看板生產
Just In Time, JIT ／ Kanban
1985 年：全公司品質管理
Total Quality Management, TQM
1986 年：六標準差
6 Sigma
許文治的創見
1990 年：新生產技術
New Production Skills, NPS
1991 年：精益生產
Lean
2000 年：先進新生產體系
Advanced New Production System, ANPS
2000 年：全員生產管理
Total Productive Management, TPMgt
2015 年：先進生產改革技術
Advanced Productive Innovation Skills, APIS

APIS 火箭圖

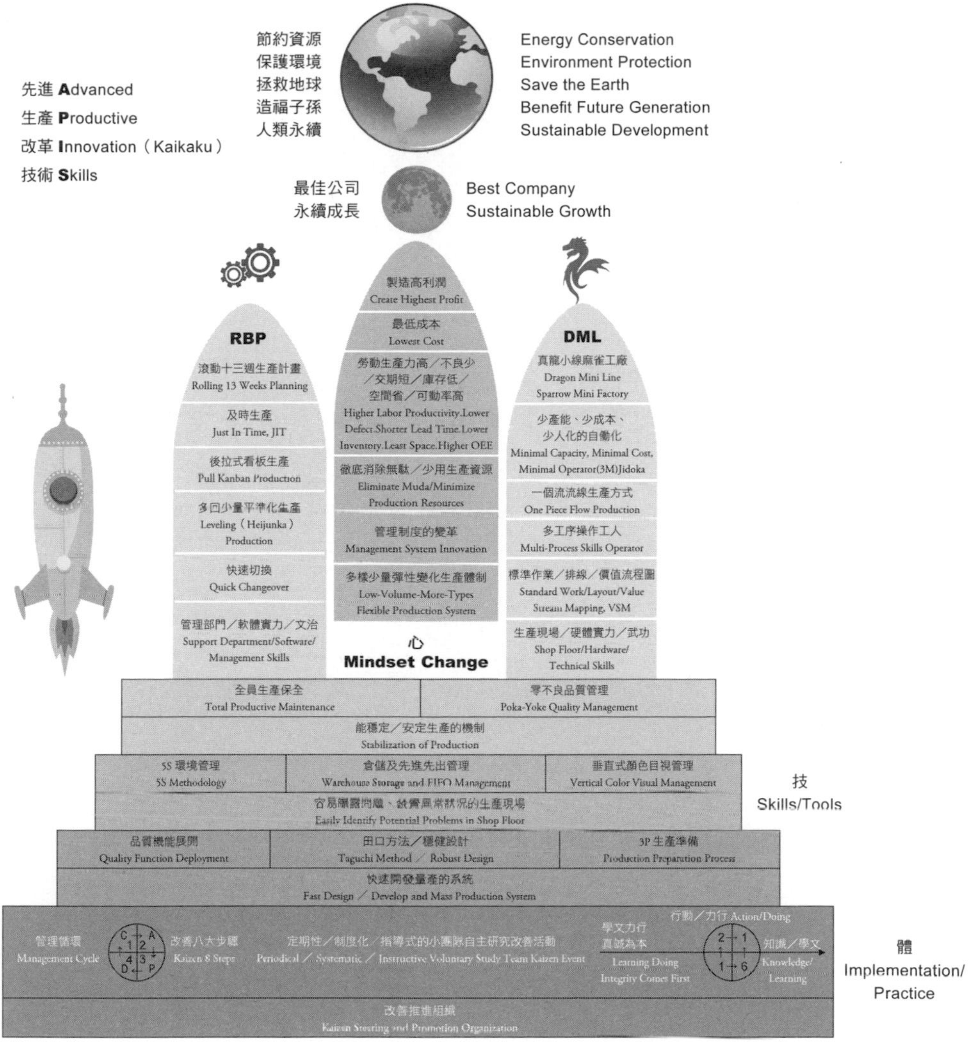

先進 **A**dvanced
生產 **P**roductive
改革 **I**nnovation（Kaikaku）
技術 **S**kills
節約資源
保護環境
拯救地球
造福子孫
人類永續
Energy Conservation
Environment Protection
Save the Earth
Benefit Future Generation
Sustainable Development
最佳公司
永續成長
Best Company
Sustainable Growth
RBP
滾動十三週生產計畫 Rolling 13 Weeks Planning
及時生產 Just In Time, JIT
後拉式看板生產 Pull Kanban Production
多回少量平準化生產 Leveling（Heijunka）Production
快速切換 Quick Changeover
管理部門／軟體實力／文治 Support Department/Software/Management Skills
製造高利潤 Create Highest Profit
最低成本 Lowest Cost
勞動生產力高／不良少／交期短／庫存低／空間省／可動率高 Higher Labor Productivity.Lower Defect.Shorter Lead Time.Lower Inventory.Least Space.Higher OEE
徹底消除無駄／少用生產資源 Eliminate Muda/Minimize Production Resources
管理制度的變革 Management System Innovation
多樣少量彈性變化生產體制 Low-Volume-More-Types Flexible Production System
心
Mindset Change
DML
真龍小線麻雀工廠 Dragon Mini Line Sparrow Mini Factory
少產能、少成本、少人化的自働化 Minimal Capacity, Minimal Cost, Minimal Operator(3M)Jidoka
一個流流線生產方式 One Piece Flow Production
多工序操作工人 Multi-Process Skills Operator
標準作業／排線／價值流程圖 Standard Work/Layout/Value Stream Mapping, VSM
生產現場／硬體實力／武功 Shop Floor/Hardware/Technical Skills
全員生產保全 Total Productive Maintenance
零不良品質管理 Poka-Yoke Quality Management
能穩定／安定生產的機制 Stabilization of Production
5S 環境管理 5S Methodology
倉儲及先進先出管理 Warehouse Storage and FIFO Management
垂直式顏色目視管理 Vertical Color Visual Management
容易顯露問題、就看異常狀況的生產現場 Easily Identify Potential Problems in Shop Floor
技
Skills/Tools
品質機能展開 Quality Function Deployment
田口方法／穩健設計 Taguchi Method／Robust Design
3P 生產準備 Production Preparation Process
快速開發量產的系統 Fast Design／Develop and Mass Production System
管理循環 Management Cycle
C A 1 2 4 3 D P
改善八大步驟 Kaizen 8 Steps
定期性／制度化／指導式的小團隊自主研究改善活動 Periodical／Systematic／Instructive Voluntary Study Team Kaizen Event
行動／力行 Action/Doing
學文力行
真誠為本
Learning Doing
Integrity Comes First
2 1 1 6
知識／學文 Knowledge/Learning
改善推進組織 Kaizen Steering and Promotion Organization
體
Implementation/Practice

| 第一內涵 |

意識篇：心

第一章 APIS的初步認知

常見傳統認知：企業永續經營、製造技術、單點改善、頭痛醫頭

APIS創新認知：人類永續生存、生產技術、總體改革、根源消除

1.1 源起

APIS，中文名稱為「先進生產創新技術」，或稱為「先進生產改革技術」（Kaikaku Skills），為筆者於二〇一五年所命名。它是以豐田生產方式（Toyota Production System, TPS）為基礎，再經筆者於過去五十年來，從事該領域之學習、工作及輔導的經驗、心得，以及所開發出的其他改善及改革技法，融匯而成。

APIS是以能節約生產資源，包括人力、機器、物料、土地及資金的資源以及徹底消除無效工作，創造出最高的利益的生產改革技術體系。APIS的生產技術可分作「改善」及「改革」兩個不同的變革方式，不僅引領企業的生產變革，也著重於硬體生產線的變革，以及軟體面的管理系統變革。同時，APIS也追求企業多方面關鍵績效

（Key Performance Indicators, KPI）的同步達成，以增強企業的競爭力，以便永續經營發展。而更崇高的理想，則是要節約生產資源，保護環境，拯救地球，造福人類，永續生存。

1.2 企業經營的目的

企業經營的目的，就短期目標而言，就是要能夠賺錢，這是最基本的要求。一個不賺錢的企業，是無法永續經營發展下去的。而就社會責任而言，則是要照顧員工，使員工能夠安心工作、快樂生活，進而能夠節約生產資源，保護環境，拯救地球。

為達成這些目的，企業必須具備生產技術改善及改革的突破性與革命性觀念及技法。APIS 則為此中之要。

1.3 生產技術的發展

生產技術的發展從工業革命時期就開始了，迄今仍然在不斷地演變中；而這種演變，是伴隨著企業對於永續經營發展的追求所產生。企業為追求永續經營發展，必須要隨時追求改變（或稱為變革〔Change〕）。這些變革可以分為兩大方向，其一是在既有的產品的技術上追求改善或改革，另一種則是尋求新產品的創新及開發。

既有的技術改善及改革，又可以分為兩種不同的技術。一種是製造技術，另一種則是生產技術。一般人所談到的技術，大多是指製造技術；而生產技術，常為多數人所忽略。這兩種技術間，存在著極大的不同。以下說明之：

1. 製造技術

製造技術是指為達成個別工序或製程所需要的製造條件或規格要求，所選定的製作方法，及其機器設備。製造技術是製造一個產品所必要的基本條件。沒有製造技術，當然就無法製造產品了。所以，傳統以來大多數的人，都將焦點放在如何研究，是否有更低成本更有效率更快速的製作方法和機器設備上。這也是大多數人對於技術的認知。筆者可以將這種認知的製造技術，又稱之為硬體面的技術。

2. 生產技術

生產技術是另外一種技術，是與傳統製造技術著重於研究開發不同製造方法及硬體機器設備，截然不同的領域。筆者又稱其為軟體面的技術。生產技術是指在既有的製造技術、製造方法及機器設備下，安排生產流程的方法，亦即如何布置生產線，使能以最少的人員需求、最低的機器設備成本、最少的庫存數量、最少的空間需求，產出最多的產品數量，並以最佳的品質水準、最快的交貨天數，出貨給顧客。

一個企業能否永續經營發展的關鍵，在於其是否有競爭力，能比競爭對手做得更好；更具體而言——是否具有自家企業的獨特性。也就是說，有哪些部分是自家企業所做得到，而競爭對手做不到的。

傳統而言，多數企業的變革焦點都放在製造技術上，更進一步指涉，就是機器設備方面，目的在於尋求更高速度的自動化設備。企業普遍認為，購入了這種設備之後，就能擁有足以超越競爭對手的現代化先進生產方式。然而，事實多並非如此。一般來說，這樣的設備都是由公司以外，專門進行設備製造的廠商所設計開發，任何公司在有需求、有資金的時候，都可以自行購入。自己的公司，除了在硬體的高速度自動化方面，具有獨特的觀點及設計理念外，更多時候也必須著重軟體面的生產線布置方式、作業人員的動作安排、生產計畫的管控，以及物料採購與儲存管理。這些部分在企業的永續經營發展，以及提升其獨特的競爭力上，均有許多貢獻；可惜的是，多數企業都不重視，甚或不知道生產技術的存在及重要性。

生產技術的發展，可以說從工業革命開始，以機器動力取代以往的手工製造方式後，就有許多的學者專家從各種不同的管理理論領域出發，尋求以較少的資源投入，如人力、機器、材料及土地，更有效率地最大化產出量，來獲取更多的利潤。

始於一九一〇年代的泰勒科學管理原則（Principle of Scientific Management），以及其後的動作與時間研究，均著重在工作效率的提升。隨後在一九三〇年代，統計品質管制（Statistical Quality Control, SQC），則開始了產品品質的提升及管制的科學方法。其後，於此基礎上，更發展出全公司經營品質的改進，經過一九七〇年代的全面品質管制方式（Total Quality Control, TQC），以及一九八〇年代的全公司品質管理方式（即TQM）後，遂於一九九〇年代形成所謂的「六標準差」（6 Sigma）方式。另一方面，隨著工業化的發展，使用機器設備來製造產品以尋求更有效率的產出，也是必然的發展趨勢，機器的穩定性、品質性及可靠性，也逐漸成為關鍵競爭力的重要因素之一。所以，日本的企業在一九六〇年代開始，針對機器設備領域推行「預防保全」（Preventive Maintenance, PM）活動，之後演變為「全員生產保全」（即TPM），後於二〇〇〇年演變為「全員生產管理」（Total productive Management, TPMgt）。

日本豐田汽車公司於二次世界大戰後，自一九四五年開始，為與美國汽車製造業者的大量生產方式並駕齊驅，卻也欲迎合當時日本國內市場少量生產的需求，因而自行發展出一套與美國大量生產迥異的生產方式。終於，在一九七三年，豐田公司首次對外發布其獨特的生產方式，稱為「豐田生產方式」，也就是TPS。在一九八〇年代，大部分企業都將TPS另行命名為及時生產方式或是看板生產方式，因為多數人咸認知TPS是著重在降低庫存，且能及時供應產品給顧客的方式，故有些人又認為這是零庫存的生產方式。這正是「盲人摸象」現象——以局部認知來代表整體的意義。其實，TPS是具有多方向目標的變革方式。一旦正確理解TPS，便可知它是以減少庫存數量，包括材料、在製品及成品的庫存，來曝露生產上的問題點，進而帶來更多的變革機會。TPS能產生多方面的成果，包括庫存降低、產量提高、不良率減少，勞動生產力、人員效率增加、管理人員數減少；更重要的是，生產所需的空間廠房土地面積也跟著減少了。因此，歐美國家的企業界及學術界人士又開始深入研究TPS，而於一九九一年改以「精實生產」，或「精益生產」命名之。自此，世界各地的公司及工廠，均興起了一股學習精實生產的熱潮。然而，以筆者在此領域學習實做的過程，以及自己創業從事此方面顧問輔導工作的觀察中，能夠完全實踐TPS的企業，可以說是少之又少，大概不超過千分之一。其主要原因是，無論TPS或是精實生產，在思想觀念上及手法上和行動上，都與一般常見的傳統思想觀念及做法完全不同，甚至可說是完全顛覆傳統的思想觀念及做法。它可以說是「改革」式的變革，與一般常見的「改善」式的變革，有相當大的差別。

此外，在變革的範圍來說，「改善」與「改革」之間，有著巨大的差別。變革的範圍可以分成四個等級，下節將詳細介紹。

1.4 變革的四個等級：點、線、面、體

改善與改革的差別，除了效果面的差異及手法工具的不同之外，在變革的範疇來說，也是有差異的。變革的範疇可以分為如下四個等級：

(1) **點的變革**：指對於個別單一工序製程或機器設備的改變，或個別功能別部門內的變革。

(2) **線的變革**：指對於數個不同前後流程的工序製程及設備，能夠連貫起來連續生產的改變。

(3) **面的變革**：指對於一個產品的完整的生產流程，包括主流流程及支流流程都能連結同步連續生產。

(4) **體的變革**：指除了生產部門的生產線的改變之外，其他支援管理部門，例如：品管、生管、物管、自動化設備、維修保全、採購、業務、人力資源等，全公司所有部門都帶來改變。

一般而言，改善的特色大都是在做點的方面的變革，及漸進式、逐步式、小步伐、小成果的變革。例如：常見的傳統工業工程、品管圈、全公司品質管理、六標準差、全員生產保全等，都是屬於點的方面的變革。相反地，改革的特色是除了點的改革之外，更著重在線、面、體的企業經營的整體範疇內，做垂直整合方面的大變革，從而突破現狀，以獲得突破性巨大收益的成果。TPS及APIS，均是此類代表。

1.5 APIS的威力：節約資源、效果全面、減少六缺

APIS是全公司、全部門、全員式的參與性變革。如前述所言，它具有二大特點——一是同時兼顧了漸進式、小步伐、頭痛醫頭、腳痛醫腳式，追求單一目標達成的小成果改善式變革，二是涵蓋了具線、面、體的全方位目標之突破性、大步伐、大成果改革式變革。換句話說，APIS具有從問題的根源，也就是真因之處，徹底解決問題的

能力，同時還有「一點切入，效果全面」之多目標同步實現的存在意義。

所謂「一點切入，效果全面」是指，若問題的目標是要提高產出量，而以APIS的觀念及技法為基礎進行改善及改革，便可以同時達成多方面的其他目標，以獲得更多的利益。例如：

(1) 提高產出量及減少人力。
(2) 提高勞動生產力及人員效率。
(3) 減少工作量、管理人員及管理成本。
(4) 減少不良率及檢查人力。
(5) 減少材料、在製品、成品庫存。
(6) 縮短交期天數。
(7) 提高交貨準時率。
(8) 節省廠房空間／土地面積。
(9) 提高設備可動率及降低設備成本。
(10) 節約材料及成本。

就在達成上述有形目標成果的同時，ＡＰＩＳ生產改革技術也解決了企業界長久以來所面臨的六缺問題——缺地、缺電、缺水、缺工、缺人、缺量，而且是釜底抽薪地徹底同步解決。事實上，歸納筆者所輔導過的工廠，其最原始的需求問題有二：一是廠房空間不足，打算要蓋廠房以應付訂單增加的需求，但因緩不濟急，遂請筆者協助克服此困境。而進行ＡＰＩＳ之後，廠房無須再擴建，在原本的空間內，就可使產量翻倍。另一問題則是招募不到工作人員，而使作業員人數不足；同樣在應用ＡＰＩＳ的多條真龍小線，以及滾動十三週的生產計畫，以減少缺乏部件而停產的損失後，就可以用同樣的人數使產出量翻倍。

企業如果要追求永續發展，就要多關注自己內部可努力改變之處，切勿只怪罪大環境的變化，或是採取每一家企業都會想到的方法——例如製造成本增加、招募不順利，就只會想遷移到工資便宜、人力資源充沛的地方設廠。這是飲鴆止渴，雖解決一時的問題，卻未能培養長遠的競爭力。每家企業都如此，怎麼會有競爭力呢？所謂競爭力，簡單來說，就是我做得到而別人做不到，或是我做得比別人好。更何況若幾年後工資上升，招募再度陷入瓶頸，就又得遷廠了，豈非治標不治本。筆者稱這種企業為「候鳥企業」。要搬遷到何時啊！

1.6 自動化設備是生產技術的最大弊害

筆者一直強調製造技術與生產技術的不同，並須重視生產技術的發展，因為它可以帶來多方向的巨大效果及利益。但有些人往往會因引進傳統設計觀念的高速度、大產能、高成本自動化設備，提高單一工序製程的產出量，並使操作人數減少，便認為這就是正確的變革方向，甚至將之視為生產技術的改善。其實，這真是最大的認知錯覺。引進這種高速度、大產能、高成本的自動化設備，不但不能降低，反而會造成成本上升、在製品庫存增加、生產交貨期延長及競爭力低落，更有甚者，將成為APIS發展的最大阻礙，以致完全無法達成導入APIS生產技術所能獲得的多方面效果及利益。

這樣的認知是筆者過去三十年來從事APIS，經歷許多不同產業、規模大小互異的公司，所得到的心得及結論。在筆者所指導過的公司中，許多公司經APIS真龍小線生產技術的改革後，在利用同樣的製造條件、製造技術、生產線人數，並使用原有機器設備、相同廠房空間的情況下，於一至兩年內，將整體產出量提高五十%至二百%，在製品庫存降低了一半以上，生產空間減少了一半。生產交期天數從數十天降為三天左右。這種例子不勝枚舉，其主要的原因是我們不使用傳統單工序高速度大產能的自動化設備水平式集中式的生產方式，反而自己在公司內開發少產能、少成本、少人化，也就是所謂三少自働化的設備。建構垂直式產品別的多條真龍小線，才能達成上述多方面的巨大成果及利益。

總而言之，機器設備的選用要慎重，它是影響APIS發展的因素之一。更重要的是，再次強調不要使用傳統設計觀念的單工序高速度、大產能、水平式布置集中式、大批量生產的自動化機器設備，而要使用能建構APIS多條真龍小線之三少自働化機器設備。而有關三少自働化機器設備的詳細說明，在後續的章節會介紹。

1.7 APIS的終極目標

APIS雖說是協助企業改進其生產方式或生產技術，以創造出具有獨特競爭力，使其各方面表現均佳的一門學問，但其終極目標仍是節約資源、保護環境、拯救地球、造福人類、永續生存。根據筆者觀察，對大多數的企業而言，其目標都在追求成為市場占有率最高、獲利率最高、營業額最大，或躋身世界百大公司等等。簡而言之，都是以追求自己企業的利益生存為主，而對於企業的社會責任著墨較少，至多做些公益捐款或社區關懷活動爾爾。當然，不能說這樣追求利益以求生存是不對的，只是，筆者認為每一家企業、每一個人，在追求利益之外，同時也要兼顧追求拯救地球、造福人類永續生存的目標。

企業的社會責任，筆者認為要有節約資源的最基本的認知。所謂節約資源可以從多個方面來說：

(1)使材料的耗用降到最低，使用最環保的材質、最少的人力、最少的機器設備、最少的廠房建築、最少的土地需求、最少的能源耗用，產出數量相同或更多的產品。

(2)不多生產賣不出去的產品，即不過量生產。簡而言之，要有這樣的想法——就像吃東西一樣，吃多少煮多少、煮多少吃多少，要光盤不留剩菜，也不打包。不在尚未接到訂單前就預測產品種類及數量進行生產，客戶下訂單後才開始生產所需產品、只製造所需數量，不過量生產，也不提前生產。若不如此，將會造成材料及其他生產資源的提早耗用，蒙受事後賣不出去的資源損失，以及後續報廢處理的額外資源耗用，以及成本的逸損。

(3)掌握節約資源的 4 R 要領：

- 減量（Reduce）：減少耗用量。
- 再利用（Reuse）：同一物品，可以再做為二次或其他用途使用。

◆再循環（Recycle）：同一報廢不能用的物品，重新提煉加工之後可以再次使用。

◆剔除不用（Remove）：從源頭做起，不使用不可再利用及再循環的資源或加工程序，而能得到相同的物品。

如能做到上述的節約資源，就可達到保護環境的效果，例如節省廠房空間，就可以減少建廠的鋼筋水泥、木材、鋁材、能源、磚石、機器設備、廠房設施等資源耗用，降低成本支出，並節省工廠土地需求，就可以減少農地及樹林的占用，降低對自然環境的破壞及二氧化碳排放量，從而保護地球。人類自工業革命以來，也不過一百多年的歷史，以往人類從未注意到的科技進步，竟造成了今日環境的破壞，例如塑膠袋及塑膠瓶等。正如蝴蝶效應一樣，一件微不足道的小事，最終形成一場大災難。最近的全球氣候變遷，正是蝴蝶效應的表現。人類不可以有「人定勝天」的想法，而要有「人要敬天」的認識，減少破壞違反自然的法則規律，人類才能永續生存。根據科學家研究顯示，地球也是有壽命的，僅有約五十億年。地球上的資源也是有限的，要節約資源、保護環境，地球才能永續供養人類，人類也才能永續發展生存。

ＡＰＩＳ的觀念，以及兩大改善改革方向就是：

⑴建立「真龍小線麻雀工廠」。

⑵建立「滾動十三週生產計畫」體系。

它的主要作用就是要透過上述的三大節約資源的方向：

⑴以最少的資源投入，獲得最大的成果產出。

⑵只生產使用必要的物品，不要有多餘的報廢品。

⑶遵循剔除不用的使用原則及加工工序，就是最佳的節約資源方法。

所以，總結ＡＰＩＳ的目標是：

⑴短期目標：協助企業成為業界能永續發展的最佳公司。

⑵長期目標：節約資源、保護環境、拯救地球、造福人類、永續生存。

1.8 APIS的差異

APIS除一般傳統針對點的方面，逐步、小步伐地改善之外，更著重於與一般傳統的改善技法完全不同的改革技術。而這些改革技術，均能表現出其「心、技、體」之三大內涵，與常見傳統觀念及做法的迥異之處。如果不能認同這些完全不同的心、技、體三大內涵，則變革成果的廣度及深度，相對也會較小，與傳統局部改善的有限成果無異。以下重點說明APIS改革，與一般傳統改善，例如全公司品質管理、六標準差、全員生產保全、品管圈、傳統工業工程等，在心、技、體方面的差異。

(1) **心的差異：**所謂心的差異是指在思想、觀念、意識及信仰上的差別。

觀點／項目	常見傳統改善的觀點	APIS 創新改革的觀點
終極目標	公司利益最大化永續發展	節約資源拯救地球造福人類
中心思想	生產者有利優先考量	滿足顧客需求優先考量
成本觀點	大批量集中生產成本較低	小批量分散生產成本較低
生產導向	依據預測提前計畫生產	接單後依量依序及時生產
庫存認知	庫存是必要的惡物	庫存是萬惡之根源
生產喜好	少樣多量、一回大量	多樣少量、多回少量

(2)**技的差異：**所謂技的差異是指在實際踐心的理念時，所使用的做法、手法、方法、工具、技法及技巧的差別。

做法 ／ 項目	常見傳統改善的做法	APIS 創新改革的做法
生產線布置	(1)功能別、水平式、中央集中式 (2)少條大線化	(1)產品別、垂直式、地方分散式 (2)多條小線化
機器設備	(1)自動化、高速度、大產能、定員化 (2)專用機、高成本、高故障、稼動率	(1)自働化、適速度、少產能、少人化 (2)通專機、少成本、低故障、可動率
作業動作	細分化、分離化、批量化	集約化、連續化、一個化
人員安排	人廉主義、單能工、多能工	人本主義、互助工、多序工
生產計畫	集約化、大量化、少換化、提前化	平準化、少量化、多換化、後拉化
品質管理	事後檢查、抽樣檢查、不良重修	源頭防錯、全數檢查、不良防止
現場管理	報表記錄、電腦管理、水平管理	小時管理、目視管理、垂直管理
管理制度	個人獎勵、個人改善、單部門改善	團體獎勵、團隊改革、跨部門改革

(3) **體的差異：**體的差異是指在變革時，在行為上、行動上、實踐上及運作上的差異。

方式 ╲ 項目	常見傳統改善的方式	APIS 創新改革的方式
期間性	不定性	定期性
組織性	同部門個人單打獨鬥	跨部門團隊合作解決
制度性	隨意性、無公開發表	強制性、公開發表會
指導性	無第三者指導	有外部老師指導
步驟性	無系統化解決問題步驟	有問題分析解決八大步驟

第二章　思想觀念的改革：從頭改變

常見傳統觀念：生產本位、庫存多好、僵化不變、輕文重武、學文不行

APIS創新觀念：市場本位、庫存少好、以變制變、文武雙全、學文力行

2.1 企業永續經營發展的源頭

企業追求永續經營發展的最基本條件，就是確保能夠持續獲利。在現有基礎上獲得最大的利益，才能提供企業未來新產品研究開發所需的經費支出，以及維持現狀、持續生存；換句話說，就是企業必須思考如何降低成本，以創造最大的利益。這樣的道理人人皆知，但是不同的企業，其經營結果卻大不相同。企業有利可得的原因眾多，有些是因產品有所創新，有些是以製造技術見長，有些是以資本門檻阻止競爭者的加入，有些是賺到機會財，有些是以小眾市場為利基，有些則是以管理為專長，不一而足。也就是企業各有其獨特的競爭力，及競爭對手所不能及，或是比競爭對手做得更好。

然而，對多數企業，尤其是以代工生產（Original Equipment Manufacturer, OEM）為主的中小企業而言，他們只是代工生產，而不具有或不參與買主的產品創新工作。此外，他們往往也缺乏製造技術創新的能力，而沿用數十年來不變的製造技術，至多更新了一些所謂傳統的高速度大產能自動化設備，而且這些機器設備，乃是由外面的設備廠商購入。這些設備廠商，也會將同樣的設備賣給他們的競爭對手，如此一來，便毫無獨特的競爭力可言；如企業又無對生產技術的認知及重視，最後將只剩下削價競爭，賺取微薄利潤，若再遇到外在環境的變化，就會導致虧損而經營困難。

像這樣的企業為數眾多，筆者所遇到的多數經營者，都只會怪罪外在環境因素的影響，而少有從自己公司內部可以努力改進的地方去尋求突破。雖然筆者也見到一些努力尋求改變，力求突破，甚至尋求外部人士力量來協助變革，但是往往會碰上經營者的主觀意識太強，或是外部人士仍然沿用傳統思想觀念的情形，所以成果有限，難有突破性的變革，當然也還是難以脫離經營的困境。

任何企業，尤其是不具有任何在產品創新、製造技術上之獨特競爭力的企業，就更要關注 APIS 生產技術的領域，以進行改革。生產技術不是可以用金錢去買進來的，縱使花錢請來熟悉此領域、擁有豐富實務經驗的外部老師來指導，若不由公司內部全員「從頭」改變起，成效也會大打折扣。而所謂「從頭」改變，乃有以下三層意思：

1. 要放空捨得

先從每個人頭腦內部的思想觀念改革起。要放棄及捨棄以往的觀念思想，例如使用高速度、大產量、大批量、集中式生產的自動化設備；不要有個人計件獎金制度；不要只會用錢解決問題等，將之全部清空歸零，如此才能獲得新的思想及觀念。

2. 從高層改變

所謂高層，當然是指公司經營者擁有決策權力的最高管理階層，要先「放空捨得」，也就是先親身改變對生產的思想觀念，才能往下層帶動改變。如前文所述，APIS是生產技術的改革，而改革的特點之一，就是要由最高階層的經營者來帶動公司的整體改革。若是最高階層不改革，仍然保持以往的思想觀念來進行工作，縱使下層管理人員有心改革，也會遭到否決，結果當然失去了改革的機會，更打擊下層人員的改革熱忱。這時，高層人士反而成了公司改革的最大阻力。以筆者的經驗而言，凡是高層管理者在每次老師前來指導時，都能隨時在側，親聽老師解說改革的思想觀念及做法，並迅速行動實施的公司，其成果的實現均既快且大。

3. 學習APIS

有了前述兩個要件之後，更重要的是必須從頭學習最新APIS的心、技、體，也就是學習引用APIS，以帶動生產技術的變革，而不要沿用以往只具漸進式、逐步式、小步伐、單方面改變小成果的改善方法，例如全公司品質管理、品管圈、TPM、5S環境管理等。APIS可以說是筆者五十年來，在生產技術領域所學習、工作、輔導之最佳生產技術改革改善方法的總成。

2.2 企業競爭力的三大關鍵績效指標：QDC

一般的企業，除了所謂賣方市場的企業外，多數均屬於買方市場。所謂的買方市場，是指市場上的供給量大於市場上的需求量，所以買方就有更多的選擇，能選用供應物品較有利的供應商。而買方所考慮的主要條件，係為三大競爭力關鍵績效指標（Key Performance Indicator, KPI），三大競爭力即指QDC：

1. Q

Q是指產品的品質（Quality）。這是買方購買物品的首要條件，產品的品質必須符合客戶的需求。通常在首次與客戶接觸時，幾乎所有廠商都會耗用最大的資源，傾力打造符合客戶需求的「鑽石級品質」產品，以通過需求的第一關。換句話說，在初選的階段，幾乎所有的供應商在品質方面都能過關，伯仲之間，毫無競爭可言。由此可見，品質通常不是初選階段贏得客戶訂單的關鍵所在。

2. D

是指交貨期（Delivery）。具體而言，可以分成兩大階段，一是公司內部可以管控的部分，稱為「接單生產交期」，即從接到客戶的訂單開始，至整批訂單的產品及數量生產完成，入到成品倉庫為止。其中包括了生產計畫安排的時間、物料購入的時間，以及生產線從投入到產出成品的時間。另一則是公司內部較不能管控的部分，即安排船期運輸到客戶手上，出貨運輸所需的時間。一般而言，出貨運輸的時程較為固定，也較難縮短，而客戶也較可接受這樣的情形。

以往多數企業總是希望交貨期能長一些，以外銷為主的代工廠，交貨期通常為三個月，甚至四至六個月都有。這完全是以自己有利的立場來思考問題，認為交貨期較長，有利於集中類似的訂單產品，以進行大批量生產的安排，可提高其生產的效率。其實，這都是一般常見的傳統觀念錯覺。以APIS的觀點來看，這種大批量、水平式的集中生產，其總體生產效率反而較低，不但生產成本上升，又延長了內部的接單生產交期，導致庫存增加、耗費倉庫空間，產生更多的管理工作。

過去，多數客戶對於總體交貨期的接受度較高，即便超過三個月，也都能夠接受。但是近幾年來，由於市場競爭，形成產品多樣化、少量化、短命化的情況，客戶也意識到交貨期過長，會影響到其搶先上市、爭取市場的機會。而且，交期長也意味著庫存高，進而影響資金的週轉及利潤的增加。更糟糕的狀況，將造成庫存品賣不出去，降價銷售或是報廢的損失。所以，現在愈來愈多的客戶都要求縮短交貨期為一至二個月內。

一般企業對於客戶縮短交期的要求，大都無解，或是處理方法錯誤。常見的情形是交期趕不上，就只好空運，所增加的成本通常要由公司自己來承擔，因而造成利潤的損失。有些公司則以為製造半成品庫存的方式，可以應對客戶縮短交期的要求。結果是半成品庫存增加，造成資金積壓成本的上升，而且仍然無法滿足客戶縮短交期的要求。筆者經常在工廠裡聽到管理階層的人員抱怨：「不要的東西庫存很多，要的東西卻沒有。」對此，筆者往往輕鬆地回應：「本來就是會這樣啊！」為什麼？其實原因很簡單。客戶下單的種類繁多、數量又少，很難個別製造各種類別產品的半成品庫存，或有足夠的半成品庫存數量。所以仍然會有部分類別的訂單半成品庫存不足，或是沒有庫存。因此，我們仍然必須從頭開始投產，直至成品才能整批訂單出貨。而一般公司從投產至成品，往往需一個月左右。所以交貨仍然來不及，又要空運了。此時，管理者又開始怪罪業務人員提供的預測不正確，才造成庫存量不準。對此，筆者又回應道：「不準是正常的。若是會準，就去買股票、彩券賺錢就好了。何必開公司呢？」

真正要達成不用建立半成品庫存，卻能滿足客戶縮短交期要求、又無須空運的最佳方式，就是實施APIS的二大生產改革技術——一是多條真龍小線，一是滾動十三週生產計畫體系。我們在以後的章節會詳細說明。

3. C

是指成本（Cost）。成本是指公司內部製造出產品所支出的費用。對客戶而言，成本即是指價格，也就是客戶支付給賣方的金額；在公司內部，「價格」等同於售價。售價減去成本，就是公司所能賺取的利潤，這是人人皆知的簡單道理。但是，

事實上，企業經營的獲利能力可就不這樣單純了。

在賣方市場，需求量大於供給量。此時，賣方便主掌了市場的售價的決定權。所以，可以將現在的成本再加上其所期望的利潤，而且通常會是高利潤來做為售價出售。這樣的企業經營方式，有時亦稱為「成本主義模式」，因為需求量大於供給量，就不怕沒人買，能生產多少就可以賣多少。這種企業若非獨占企業，就是其產品具有獨特性。只是，這樣的企業總是少數。

在現今的世界裡，多數產品都屬買方市場，亦即商品的供給量大於需要量；因此，買方擁有主導價格的決定權，亦即買方會選擇價格最低的賣方來購買其商品。如果賣方決定接受客戶願意支付的價格，則其所能得到的利潤，就等於售價減去成本了。換句話說，賣方的利潤是由買方的出價來決定高低，出價高則利潤多，出價低則利潤少。更糟糕的情況是，若出價低於賣方的成本，而又不得不接單時，就會造成虧損。若企業的經營模式，其利潤多寡完全取決於買方出價的高低，則稱為「售價主義模式」。以此種模式經營的企業，會經營得很困難，甚或倒閉。

在買方市場的世界裡，利潤的多寡是由買方出價的高低來決定。想要擺脫這樣的宿命，有無其他的突破方法呢？答案是有的。但是天下沒有白吃的午餐，我們要先改變自己的思想觀念，配合改革的手法，並實踐之，方有可能改變。這種經營模式就是「利潤主義模式」。所謂「利潤主義模式」是指先確定自己的期望利潤的目標，例如二十%，將客戶的價格減去利潤，就等於成本。這裡的成本與前述的成本，意義是不同的，前述的成本可說是現狀的成本，而此處的成本則是指未來的成本，即未來要努力降低而達成的目標成本。

然而，降低成本已經是老生常談了，相信許多企業一直以來也都朝著降低成本的目標，每年都在進行，時時刻刻都在努力，但多數仍成效有限，難有大幅下降的情況發生。就筆者的見解，乃因多數的企業仍陷在一般常見的傳統降低成本策略之故。

一般企業降低成本的策略主要有幾個方向，包括引入高速度大產能的自動化設備以減少操作員人數，降低直接人工成本、尋找外包廠商降低人工成本、減少材料耗用率及尋找低價替代材料，或尋找更低價的材料供應商，以降低直接材料成本等等。

這些策略不但成效有限，又侷限於少數的幾個製程工序上，所以對於降低成本的貢獻度有限。何況這些策略與常識無異，任何公司的任何員工，都可能想到並採用，包括競爭對手。如此一來，雙方又打成平手了，何來提升競爭力可言呢？更何況，以筆者所見過的實例，企業在導入傳統高速度大產能的自動化設備及外發給外包廠商後，表面上人工成本降低，實際上總成本卻提高了——為什麼？因為管理成本增加了。筆者所見的多數人，在談及成本時，總是只想到直接人工及直接材料的成本，而忘記還有主要的管理成本存在。所以，要想降低成本，首先就必須認識成本的結構。

2.3 認識成本的結構

製造成本是由直接人工成本、直接材料成本與管理成本所構成，前二項成本又稱為直接成本，最後一項又稱為間接成本。直接人工成本可直接由製造一個該產品所需要投入的人工時數，乘以每小時的工資費率而得；材料成本也是一樣，可以直接從投入生產一個該產品所需之各種材料的耗用量，乘以材料的單價，再全部加總而得到一個產品的直接材料成本。

管理成本又稱為間接成本。所謂間接成本，是指其非直接由一個產品實際所需用量，而是以分攤方式，計入其所需分攤的成本所得。

管理成本所包含的項目非常多，簡單來說，凡是不能以一個產品直接計算的成本，如上述之直接人工成本及直接材料成本等，皆可視為管理成本或間接成本。常見的管理成本有機器設備的折舊成本、廠房設施的土地成本，或是各支援管理部門，如總經理、經理、課長、事務作業人員的薪資，以及其所需之辦公儀器、工具耗品等皆是。

一般來說，這三項主要成本所占的比例，依產業別有很大的差別。以資本密集的高科技的產業，如半導體產業而言，其直接材料成本可占八十%左右，直接人工成本約占五%，管理成本則約為十五%。而勞力密集的傳統產業，如製鞋產業，其材料成本約占五十％，直接人工成本約為二十％，管理成本則約三十％。

上述的人工及材料直接成本又可稱為變動成本，而管理成本間接成本又稱為固定成本。所謂變動成本，係指直接人工及直接材料的總成本，會隨著訂單生產量的多寡而變動、增減，訂單生產量多，該兩項的總成本也隨之增多；反之則減少。固定成本則是指總成本大致固定，不會隨著訂單生產量的多寡而增減，無論訂單生產量多少，總管理成本仍然不變。管理的總成本通常不太容易下降，例如機器、設備、廠房、設施、器材等，既已建立、購入，就不能退回不用，惟有支援管理部門管理人員勉強可以縮編，成本自然也難以降低。裁員也是公司經營不善時最常見的處理方式，但卻不是最好的方式，因為此舉常常造成員工失業，家庭生計陷入困境，因而形成社會問題，有違企業的社會責任。

企業的總利潤就是總銷售金額減去總成本，若為正數即是有利潤，若是負數則是虧損。兩者若相等，則是無虧無盈，稱為損益平衡。在損益平衡時的銷售量就稱為損益平衡點，亦可以稱為經濟批量。若是接單量超過損益平衡點／經濟批量時，就代表有利可圖，超過愈多，利潤就愈高，反之則虧損愈多，所以損益平衡點／經濟批量要愈少愈好。而損益平衡點的高低，與管理固定成本的高低有著密切且直接的關係。固定管理成本愈高，則損益平衡點愈高獲利愈困難，反之則愈容易。明白這個道理之後，我們就應該知道企業賺取利潤的主要方向有二，其一是要更關注如何降低固定管理成本，而不只是降低人工成本及材料成本而已；其二則是如何在同樣的廠房空間下，能有更多的生產能量，以創造更多產能及產量的效益。此即一般人的傳統觀念：「大量生產可以降低成本」。這句話理論上是對的，但事實上，多數人都誤解了其真正的含義，認為這就是集中同一種類別的產品，大批量一起生產，或是一筆少樣大批量的訂單，可以減少換模的次數的損失，而得以降低成本。然而，這種做法不但不能降低成本，反而會使成本增加。「大量生產可以降低成本」真正的意思是指如何在原有的一條生產線上將產出量最大化，進而將現有廠房空間的產出量最大化，更有能力接受來自客戶的訂單，不論是少樣多量，或多樣少量的訂單都來者不拒，以形成總量最大化的大量生產，降低固定管理成本的效益，才是其真正的意義。

2.4 降低固定管理成本的主要方向

由上述可知，降低成本的突破性做法，是要降低固定管理成本及提高整廠的產能和能量，從而衍生以下幾個主要的改革方向。

1. 提高生產線的最大產出量及可動率

一條生產線的產出量能愈多，則固定管理成本愈可大幅降低。而一條線的最大產出量，就是由其線內瓶頸工序來決定。所謂瓶頸工序，就是指線內一台機器設備，每小時產出量最少的工序。若要提高一條線的最高產出量，就必須提高此瓶頸工序設備的產出量；此外，也必須提高瓶頸工序的可動率（Rate of Availability）。而可動率與稼動率（Rate of Loading），其所代表的意義並不相同，以下說明之。

稼動率的定義，是以平均一日的接單數量，除以生產線一天的最大產能數量而得，即：

稼動率（%）＝日接單數量／生產線日最大產能數量

日最大產能數量的計算，是以每小時標準產出數量乘以每日工時而得。標準產出量的意義，是指設備在沒有任何停機的狀況下所生產出來的最大數量。

例如生產線一小時的最大產能（即標準產出量）為一百個，每日工時八小時，而接單數量為四百個。則稼動率之計算為：

日接單數量　　日最大產能數量　　稼動率

400（個）／100（個）×8（小時）＝50%

可動率則是指完成一天訂單量所需的標準時數，除以實際完成該訂單量之時數的比率，即：

可動率（%）＝完成訂單所需之標準時數／實際完成訂單之時數

舉同前例，日接單數量為四百個，則完成訂單所需標準時數之計算為：

日接單數量　日最大產能數量　標準時數

400（個）／100（個／小時）＝4小時

假設，實際上這四百個訂單花了五小時才完成，則可動率之計算為：

標準時數　　實際時數

訂單之時數　可動率

4（小時）／5（小時）＝80%

就觀念上來說，可動率要達到百分之百為最佳，這也是生產線管理人員的責任。相反地，稼動率是由市場的訂單量決定的，生產單位不可有稼動率愈高愈好的想法。

例如就生產一天八小時的產量，在考慮可動率八十％的狀況下，一天實際可產出數量為：

100（個）×8（小時）×80%＝640（個）

表面來看，生產線一天可產生六百四十個，但訂單只需要四百個，多出了兩百四十個的庫存量，反而會造成成本增加。生產單位的責任很簡單，只需在可動率最高的情況下，用最少的工作小時數，或是最少的人數完成四百個訂單量即可，不應生產超出訂單需求量。理論上稼動率也要百分之百為最佳，但那是業務部門的職責所在，而非生產單位的責任範圍。所以最佳的狀況是業務接單量一天八百個，而生產單位也在一天八小時內完成八百個產品。若如此，則稼動率為百分之百，可動率也為百分之百，那真是太完美了。只是到目前為止，筆者還沒有見識這樣的狀態。

雖說追求百分之百的稼動率是業務部門的責任，但事實上，稼動率乃是由生產單位在三大競爭力關鍵績效指標QDC上的表現來決定。如果一個企業在QDC上有獨特，而競爭對手無法可及的競爭力，顧客自然會自己找上門，請求企業生產產品。我們要有一個信念，就是做到使客戶自行上門，而非依賴個人的人際關係，去向客戶爭取訂單；這種方式只能偶一為之，不能長久持續。畢竟，客戶也要考慮其利益，選擇有最佳 QDC 競爭力的供應商，來長期供應商品。客戶可不是慈善事業機構，簡而言之，就是「求人不如求己」，端賴實行 APIS，來實現此願景。

2. 降低庫存數量

長期以來，多數企業都認為存貨的存在，是有利於企業經營，以及爭取快速交期訂單的利器。而在 APIS 的觀點中，卻不認為庫存數量的存在，具有利於企業經營，以及爭取快速訂單的作用，反而認為它增加企業的管理成本，無助於快速交期訂單的爭取。

庫存包括原材料庫存、在製品庫存及成品庫存。這些庫存的存在，不但積壓了資金，增加管理工作及管理成本，以及呆料、報廢的損失，也造成庫存品品質的退化，引起生產不良品增加的風險；此外，更必須占用生產空間，減少整廠的空間生產產能，因而使分攤在每一產品中的管理成本難以下降，失去競爭力。此可謂影響深遠，不可不慎。

然而，庫存數量的降低，應該降低到何種水平較合理呢？庫存水平的高低，常見的是以庫存天數及庫存週轉率來表達。庫存天數可以用庫存材料的總金額，或數量除以平均一天的生產所需之材料金額或數量而得。所得庫存天數愈低愈好。庫存週轉率通常是以年為單位，可以用一年三百個工作天除以材料庫存天數計算得之。庫存週轉率愈高愈好。庫存天數與庫存周轉率是一體之兩面的，因為二者可以互換。

讀者或許也讀過一些有關豐田生產方式的書，知道豐田生產方式的另外一個別稱是「零庫存管理」。有人因而百思不解，怎麼可能做到零庫存的企業經營管理模式呢？事實確實如此，這是不可能的；但是讀者對於此處零庫存的意義，是有所誤解的。這裡零庫存的意思，不是數學上的零的意義——表示一個都沒有的意思；而是不應該有多餘的庫存數量，庫存數量愈低愈好，最好是沒有，數量為零，而只保存必要庫存數量。

具體來說，材料庫存的必要量就是指依客戶下訂單的需求量，而購入的材料數量，超過此數量即是多餘的。而在製品方面，則是指保有生產所必須要有的標準手持量，低於此數量即會造成生產線工作人員停工等待時間的損失，而高於此數量又是不必要的在製品庫存了。在成品方面，凡是依照客戶所下的訂單數量，而生產完成放在成品倉庫等待船期安排出貨的成品庫存數量，可視為必要的。若是在客戶未下訂單前，即依據預測需求提前生產成品，以及生產出比客戶訂單數量更多的成品，都會形成多餘的成品庫存。事實上，過多的庫存，將不只產生上述的不利情形，更會造成嚴重問題，筆者在後面章節會進一步詳述。

3. 節省生產空間

為什麼要節省空間？對於許多企業而言，從來沒有想過這會是個問題，或是一個降低固定管理成本的重要方向，這就是APIS與其他常見改善手法最大的差異所在。就筆者五十年來的實務工作經驗，幾乎未曾看到任何一家企業的最高經營者關注此議題，更遑論下層部門的經理級管理者。通常，當企業遇到空間不足時，常見的解決方法，就是加蓋、擴大現有廠房空間，如有不足，則再加蓋一棟廠房。若仍然不夠，則再另尋他處建造一家工廠。有些企業主有時甚至以自己的企業工廠、員工人數眾多，認為此即企業經營成功的表徵，而引以為傲。這種方法，筆者給予一個別稱為「算術法」。

當廠房愈蓋愈多，表示固定的管理成本增加，損益平衡點的數量也會上升；然而，企業的接單量卻無法一直上升，總有一天會達到最高峰，其後即為下坡。當訂單量低於損益平衡點時就會虧損，此時這些廠房設備，反而成為不容易處理的包袱。更何況多蓋廠房，就表示要多耗用資源，破壞地球環境，引發人類未來的生存危機，如此，有違企業的社會責任，也就是筆者所重視的、前述APIS所要達成的終極理想目標——節約資源、保護環境、拯救地球、造福人類、永續生存。

我們要用「忍術法」，就像是忍者不畏困難，能夠用心、長久地面對挑戰，並克服一樣。節省空間的最主要方式，就是利用ＡＰＩＳ真龍小線及滾動十三週生產計畫，降低庫存儲存在庫，以及生產線上所占用的空間，並將這些空間騰出來，運用原有的廠房占地，容納原有兩倍以上的生產線，也就是提升原有廠房空間的生產能量兩倍以上。這不是理論上的推論，而是有許多事實上的成果為證。筆者三十年來輔導過千餘家不同的企業，只遇過一位有先知卓見的總經理，當客戶訂單增加時，其企業主的第一個反應，就是要求總經理趕快將廠內土地上的一片小樹林砍掉，去蓋棟廠房。總經理覺得這不是最佳的方法。萬一客戶中途變卦，這棟廠房不就成了增加管理成本的負擔嗎？遂決定不蓋，找筆者輔導運用ＡＰＩＳ改革技法，使同樣的廠房空間能夠達成兩倍以上的生產量，人員的生產力也翻倍；庫存降低，交期縮短，不良品也減少了。類似成果的例子，也在筆者所輔導之不同地區、不同文化背景的工廠中成功實現。

4. 減少管理階層人員

猶然記得三十多年前跟隨著恩師中尾千尋學習豐田生產方式時，恩師常說的一句話：「管理人員要愈少愈好、而改善的人員可以多」，筆者從此銘記在心，一直朝此方向努力。經過三十年來的實務輔導經驗跟成果，更加體會到這句話的重要性。在現場進行改善改革時，往往會看到第一線的管理人員一直忙進忙出，無法跟著改善小組成員進行改善工作。再進一步詳細了解，才知道這些人每天都是在忙著處理打火、救火的工作。一會這裡出現品質不良的問題，待會那裡又出現缺少部件的問題，再來又發現機器有故障，急著要去找備用零件來更換等等，千奇百怪的事一大堆；難怪沒有時間進行改善。此話倒也屬實。而且，這是每日都會重覆發生的事件。因為從來沒有人覺得這是個問題，而認為管理者的工作，就是要處理這些打火、滅火的工作。

此時，筆者就想起了另外一位老師今井正明。其在書中提到，管理者主要有三種類型的工作要做，一是維持的工作，二是改善的工作，三是創新改革的工作。而且愈低階層的管理者，所要維持的工作比例愈多，約占五十％至六十％之間。愈高階層的管理者則相反，維持管理的工作約占十％，改善及改革的工作要占九十％。所謂維持的工作，是指要妥善管理能夠依據事前規範好的標準操作程序（Standard Operation Procedure, SOP）或工作計畫的進度，具體而言，就是依循一切事前制定的規範來工作。然而，它不具備有改變現狀，以求更好的改善及改革的帶動企業進步的功能及效果。

仔細觀察，許多企業的各階層管理者，幾乎有九十％的時間都花在維持的工作。如果管理者是以此方式工作，就表示都沒有在進步，永遠有很多救火的工作須執行。不從問題的源頭去解決，只進行頭痛醫頭、腳痛醫腳式的救火措施，這些工作永遠消除不了，永遠需要這麼多的維持管理人員，固定管理成本當然也降不下來了。反之，若有可以進行改善、改革的時間或人員，就可以逐步減少這些救火式維持管理工作的負擔及人員，進而降低管理成本。

雖然上述道理人人皆知，但實際上筆者所接觸到的眾多公司，極少有企業會進行管理工作上的變革，倒是常見不景氣時或營運不佳時，大家都會採用一項措施——裁員；但裁員可能造成社會問題，並非好方法。分析各企業均行此道，其原因主要有二：一是未意識到維持管理的工作可以改進，認為如要維持現狀，就需要這麼多的管理人員；二是不懂、不會，也找不到可行的方法來減少這些工作。然而，ＡＰＩＳ卻有很好的方法，來進行維持管理工作的改革，減少管理人員或時間，使人員有更多的時間或人力來進行更進一步的變革工作。這就是「管理人員愈少愈好，而改善人員則多多益善」的意義。

2.5 有效工作及無效工作

管理者每日在工作場所中，看見每個人都在做事，就會覺得安心，員工有在工作。這種認知隨處可見，卻少有人深入探討——我們是在做「有效工作」或是「無效工作」呢？所謂「有效工作」，又稱為「有附加價值的工作」，是指所做的動作，能使工作或產品的完成有所進展，若不進行這些必要動作，則工作或產品無法完成。這些工作的逐步進行，可使低價的材料逐步加工成為更高價的可售成品，而提升（或附加）其價值。相反地，花費時間、體力或是運用一些機器設備，做了一些動作，但若這些動作對於工作或產品的完成，沒有貢獻、沒有產生效果，就可視做「無效工作」。同理，「無效工作」亦稱為「無附加價值的工作」，亦即這些動作不會提升物品的附加價值。

我們每日實際所做的工作內容，部分時間做了必要的「有效工作」，卻也同時在無意識中做了一些「無效工作」。這些無效工作又可分為兩部分，一為無可避免的無效工作，例如品質檢查、不良重修，因為這些動作雖非做不可，對產品的完成卻沒有貢獻；另一則為可以避免、將之剔除的無效工作。這種可以避免的無效工作，是由豐田生產方式所提出，並以日文漢字「無馱」表示。在中文裡，有些人以「浪費」來稱之，但是筆者不喜歡浪費一詞，因為大多數人理解的浪費，與筆者所理解的浪費相去甚遠，有些筆者認為是浪費的地方，有些人卻不認為它是浪費。豐田生產方式將無馱歸納分為七大類，筆者依其嚴重性由輕至重為順序，簡介如下。

1. 動作的無馱

動作的無馱通常是指作業人員方面的無馱。簡單來說，凡是可以縮短無附加價值的人工作業時間的動作皆是。常見的有過長的動作距離、尋找物料工具的動作、不必要的翻轉整理動作、不必要的檢查動作、單手作業動作等等。動作的無馱會產生人工時間的損失，而需要更多的操作員來工作。

2. 加工的無馱

加工的無馱是指機器設備花費不必要動作時間的無馱，或是耗用過長週期時間的無馱。例如不必要的行程距離、過度的加工精度需求、過長的工件上下機時間等等。加工的無馱會造成機器設備產能的減少，以及人工時間的損失。

3. 搬運的無駄

搬運的無駄，尤指在製品搬運的無駄。搬運的作業對於產品的完成是沒有貢獻的，然而一般人都認為它是無可避免的作業需求，因為唯有將已完成某工序的在製品，搬運到下一工序繼續加工，才能完成產品。一般傳統工廠的生產機器設備，其布置多採用以功能別、機器別的水平集中式，要消除搬運的無駄，多是以輸送帶或無人搬運車的方式解決，這就是常見的頭痛醫頭、腳痛醫腳的毛病，見樹不見林。這種方式，只能減省搬運人力，但是搬運工作的本質仍然存在，反而可能在其他地方需要增加人力。

搬運的無駄，除了要耗用搬運的人力，還會耗用容器、整理物品裝入容器的人工時間、搬運的設備，在製品等待搬運時，也會占用生產現場儲放的空間。搬運的無駄，其根源解決方向，是要剔除搬運工作，最佳方式是採用產品別之一個流的一貫化、一體化真龍小線生產線布置方式，方可完全剔除這些不必要的搬運及花費。

4. 等待的無駄

等待的無駄可以分為機器的等待及人員的等待。人員的等待與機器的等待，有時互為因果關係，如機器停機等待人員前來處理，或人員等待機器故障排除。另有一種人員等待的無駄，稱做監視的無駄或是閒視的無駄，即自動機器在自動加工時，作業員只站在旁邊監視機器加工動作的完成。等待的無駄會造成產量的損失，影響生產完成的交期，當然也會造成人工時間的損失，以及機器設備產能的損失。但是等待的損失，通常都是發生在等待材料、部件或在製品的到來而引起的。其真正的原因，也是如上所述傳統式的功能別、機器別集中式生產所造成的。其根除之道亦同，即導入產品別一個流真龍小線的生產線布置方式。

5. 不良的無駄

不良可以再細分為可重修再成為良品的不良，以及不能重修的報廢品。不良的無駄也可以說是損失慘重的無駄，不僅損失材料、人工及管理成本，也因產量損失而造成延誤生產交期的需求。不良的無駄及損失雖眾所皆知，並引用一般常見的品管手法試圖解決不良率，但是成果有限，不良率仍長期居高不下，甚至為確保沒有不良品出貨到客戶手中，遂花費更多人力及時間進行嚴格的檢查方法。對這些人而言，檢查是無可避免的無效工作。

雖說檢查是無可避免的無效工作，但是不代表它沒有改善、改革的空間。然而，傳統以來所使用的品管手法，大多偏重於解析不良問題現象的層面上。要解決不良的問題，首先要找出不良的真因所在，之後才能思考研究出正確的解決方法。數十年來，口號及標語都說得漂亮：「品質是製造出來的，不是檢查出來的」。事實上，都還是得依賴檢查保障沒有不良品出貨到客戶手中，然而效果有限，仍然有不良品流出到客戶手中。

在後續的章節裡，筆者會介紹自己獨創的「真因追查七手法」及「減少不良七大要領」，再配合實施產品別一個流的真龍小線的生產方式，從不良的根源做好「防錯裝置」（ポカヨケ，Pokayoke／Foolproof），落實「品質是製造出來的」理念。從不良源頭減少不良的產生，不但可以減少檢查工作人力，更能確保沒有不良品流出到客戶手中，這才是「品質是製造出來的」意思。筆者曾輔導一家工廠，其不良率在改善前為五十％，報廢率為十％；改善後，其不良率降為十％，而報廢率減少為一％。我們仍然使用原有的機器設備、材料、製造技術方法及作業人員，只是依照上述筆者所獨創的手法，就徹底解決了業主困擾多年的不良問題。

6. 生產過多／過早的無駄

所謂生產過多／過早的無駄，一是指實際的生產數量超過客戶下訂單所需的數量，另一則是在客戶尚未下訂單之前，即依預估的產品類別及數量去生產。這樣的方式會造成多餘的成品庫存，增加管理的工作人力，也提前耗用掉材料及生產資源，更可能有多餘成品庫存品質退化成不良品，或賣不出去而變成報廢品的風險。生產過多／過早的無駄，也因而被稱為最大的無駄。

這種無駄的產生，通常是生產單位僅依自己的方便或利益而生產，例如喜歡大批量生產以減少切換次數，認為可以提高人員生產效率；或是淡季，甚至是沒有訂單時，擔心生產設備停工而造成產量的損失，便依據預估而提前生產。這都是老套的做法，數十年前，幾乎大家都會想到如此進行，並認為這才是正確的做法，卻未曾思考多餘庫存會帶來的巨大損失。

正確的做法是依照豐田生產方式的「及時生產」原則來進行。所謂的「及時生產」，在豐田生產方式的定義中是「在必要的期間，依據必要的產品生產必要的數量」。然而，這樣的說法，仍有許多人不太能夠理解及時生產的真正涵義，而各有其解釋及做法，遂產生了各種千奇百怪，卻都說是依循及時生產原則的生產方式。有些正確，有些錯誤，而錯誤者占絕大多數。

及時生產也是ＡＰＩＳ所奉行遵守的原則，為使讀者正確理解其意義，筆者用另一種較易了解方式說明，其定義如下：「及時生產，即是要依據已收到客戶的確認訂單，依據交期先後順序、訂單的產品類別及其數量，在不耽誤交貨日期的狀況下，進行生產計畫及生產工作」。具體的做法，除要以產品別真龍小線的硬體生產線布置為前提，也須依「滾動十三週生產計畫」的生產計畫，以及每日生產指示的運作方式達成。換句話說，企業無須過多或過早生產，同時也消除多餘成品庫存所造成的公司利潤損失風險。

7. 庫存的無駄

將庫存視為一種無駄，可就出乎大多數企業經營者及其下的管理者的意料之外。從工業革命以來，開始有機器設備的引入，企業因而多採取大量生產，並產生如此將有利於降低成本的根深蒂固觀念。不論是學術界或企業界，幾乎每一個人都是如此認知，包含筆者在內，在接觸到豐田生產方式前，也是這麼想。然而，在跟隨恩師岩田良樹及中尾千尋後，才開始改變過去的想法，接受庫存確確實實是種無駄。這種認知，有助筆者深入了解其背後意義，並在往後三十年間輔導千餘家不同產業的工廠時，更加深刻體認降低庫存的重要性，以及其可為企業帶來的巨大利益。

有些人認為，「庫存是無駄」與上述「生產過多／過早而產生之多餘成品庫存」的無駄，二者之間好似有重覆的地方。事實上，二者是不相同的。我們要了解，庫存可以再細分為材料庫存、在製品庫存及成品庫存，而大多數人在談及庫存時，卻都只會想到材料倉庫及成品倉庫的庫存，而忘記、疏忽，甚至不知道在製品也是庫存的一個類別。所謂「在製品」，即指還在進行加工製造中的物品。換句話說，從投入材料開始進行第一個工序的加工製造，直到完成最後一個工序，成為完成品為止，在此之間的物品，就是「在製品」庫存。長久以來，即便今日，多數人都同意庫存不是好事，知道其不好的地方，如前所述，會造成企業利潤的損失，但同時卻又認為庫存的存在是必要的，因而有了這樣矛盾的說法：「庫存是必要的惡物」。既知庫存是惡物，卻又認為其必須存在，背後真正的意思其實是：「不知道有何有效的方法可以降低庫存」，尤其是在製品庫存。或許有些人認為導入電腦就可以解決了，但實際上效果有限，因為電腦頂多只能說明在製品在哪一個工序上、有多少數量，哪一筆訂單應該先生產或後生產，沒有從在製品庫存的源頭真因解決，當然效果有限。

然而，在豐田生產方式及ＡＰＩＳ的觀念中，都將庫存視為「萬惡之源」，與傳統將庫存視為「必要的惡物」完全不同，而且也有徹底解決庫存過多的方法，尤其是在製品的庫存，更可以降低九十％以上。事實上，ＡＰＩＳ所重視的不是表面上的庫存數量的降低，這不是它的終極目的。庫存會隱藏企業經營上的許多潛在問題，這些問題長久以來都沒有有效的方法可以根除，只以建立庫存的方式解決表面，卻不知道這反而掩蓋了問題的真相，因而失去了改善、改革的機會。例如害怕前工序的機器會故障，所以在前後工序之間保有一定數量的「在製品緩衝庫存」，前工序的機器萬一故障，後工序仍可因為這些緩衝庫存數量的存在而繼續生產，不會因此跟著停止生產，而損失產量。然而，問題的源頭卻沒有解決——為什麼機器會故障、為什麼修護機器要那麼長的時間？這些問題依舊存在。如果可以下功夫去改善改革，降低機器的故障頻率，並減少每次故障的修護時間，就可以減少，甚至不需要這些在製品緩衝庫存，同時也可提高前工序機器的產出量，豈非一舉兩得？這只是一個例子，用以說明為何在製品是在隱藏掩蓋問題。

生產線內各工序間都有在製品的存在，就表示其背後有各種不同的問題存在，如果不徹底下功夫從源頭解決，這些問題永遠都存在，也就永遠都不會進步。所以，可以將庫存數量的多寡，比擬為水庫的水位的高低，在水面下到處隱藏著不同的高度的暗礁，這些暗礁代表被隱藏掩蓋的問題，表面上看不出來，一切都沒有問題。事實上，暗礁問題卻一直都存在。如果將庫存的水位降低，就能看見暗礁的問題，就讓我們有機會研究克服，並徹底解決。

2.6 如何徹底消除七大無駄

上述的七大無駄，已經是老生常談了。許多書都有所介紹，許多人也都明白這個道理，幾乎每家企業都說懂了、明白了。可是到生產現場一看，卻到處都存在著七大無駄，再進一步詢問管理者為什麼有這種無駄？為什麼不消除？通常所回應的都是：我知道、我明白，但是我們的產品較特殊、較複雜，與別人不同。所以這不可行的。甚至連最高階層的企業經營者都是如此，無怪自豐田生產方式首次問世以來雖已四十多年，許多企業都說要學習豐田生產方式，或是實施其他衍生方式，如精實生產、NPS或ANPS等，真正能夠做得很好的，卻是寥寥可數；其主要原因在於沒有正確的觀念手法，以及沒有徹底領悟到TPS、APIS的觀念，與傳統的觀念手法是完全相反的。最高階層經營者又沒有七心——信心、決心、耐心、關心、愛心、苦心及誠心，來親自帶領參與這些改革，而只是授權下階層甚至更低的階層來帶動改革，又不完全授權讓下層管理者去嘗試，凡事都要先請示核准才能試行，更糟糕的是仍以傳統觀念來決定核准的依據，難怪許多改革都被駁回，無形中成了企業改革的主要阻力，難怪成效有限，成功的沒幾家。

若可以依照下列幾個要點執行，就能夠迅速地消除七大無馱，提高三大競爭力的KPI，以及達成降低固定管理成本的要點，提升企業的競爭力永續經營發展：

(1) 由最高階層的經管者或管理者，以「七心」親自帶領企業改革。
(2) 徹底改變觀念思想，依據APIS的思想觀念，從頭做起「意識改革」。
(3) 掌握實踐APIS兩大核心技法：
- ◆ 實行「真龍小線麻雀工廠」生產現場。
- ◆ 實施「滾動十三週生產計畫」資源準備。

2.7 消除三無三等

常會聽到一句話：「沒有問題，就是最大的問題」，誠是如此。這句話人人朗朗上口，然而一旦向任何人、任何單位，指出有問題的地方，得到的回應往往是否定這是個問題，進而解釋不能改變，或無法改變的原因及理由。其主因有三，一是多數人一聽到他人指出問題，當下的直覺反應是認為這是一句負面責備式的語句，更表示自己無能。

所以，當下即要為防衛自己的能力而提出反駁；二是不認同這是個問題，反而認為指摘問題的人不了解、不明白其工作的性質及需要；三是雖然接受這是個問題，但問題都是他人造成的，應該由他人去改善改革，或是自己缺乏改善改革的手法，因而也就不改變了。

要進步、要改善、要改革的前提是要有需要改善改革的地方，也就是有問題的地方。換句話說，問題愈多，改善改革的需求就愈多，企業競爭力也就愈強勁。這些問題是指「潛在性的問題」，即長期以來不被視為問題，而現在被重新認定為問題的部分。就如前述所述的庫存，一直以來，企業都認為有庫存才有利於生產及企業經營。現在我們重新認定庫存要愈少愈好，因而帶來許多改善改革的機會和需求，從而提升競爭力及獲利率。所以要發覺更多潛在性問題的前提，就是要先改變自身的思想觀念。思想觀念要先能夠改變，才能帶來後續的行為行動的改變，而帶來競爭力的提升。

筆者常常在生產現場被管理者詢問：「老師，請幫我看看哪裡有問題，可以有改善、改革的地方？」坦白說，有心尋求改變、尋求進步的機會，就已是管理者的典範了。改善、改革除要先從思想觀念改變做起，也要重視各ＫＰＩ關鍵績效指標的提升；此外，更要觀察並消除工作現場的「三無」及「三等」現象。有關「三無」及「三等」，解說如下：

◆三無：無駄、無理、無穩

無駄已在前述詳細說明，有七大無駄要消除。事實上，每個人都可以提出更多的無駄。只要是它是無效的工作，或是無附加價值的動作皆是無駄。

一般來說，經過上述的說明，多數人也都能觀察出是否有無駄的存在。但是以下的兩個「無」，可就不容易被認知被發掘出來了。

無理（むり，Muri），指不合理、沒道理、可以不用如此的工作、分配不均勻等。例如生產線上的作業人員所分配的作業時間不平衡，有些人時間較長有些人時間較短，造成生產線平衡效率很低。又如，將前工序加工好的在製品，用繩子捆綁好放入塑膠容器內，搬運到後工序。而後工序的作業人員，又必須將在製品從容器內取出，解開繩子，拿出在製品進行加工工作，每一工序均如此反覆，直到完成成品為止。這些重複捆綁繩子放入容器，又從容器取出解開繩子的工作，就是「無理」。又如，金屬加工品，在加工過程中塗上防鏽油放入半成品倉庫一段期間，再拿出來將防鏽油清洗乾淨，以便進行下一工序的加工工作。這種塗上防鏽油，之後再清洗掉防鏽油的工作，也是無理。另外一個例子，則是自動剪腳機器剪完了產品，因為剪得不夠徹底，又再花人工用手鉗再修剪一次，亦是無理。

無穩（むら，Mura），指不穩定、不安定。例如作業員每次完成產品的時間有長有短，而且差異很大。又如機器設備瞬間停機排除的次數頻繁，導致雖為自動機器，卻仍須有作業人員在旁監視機器設備的瞬停發生並將之排除，人員無法減少，而失去自動化的意義及目的。此外，不良品忽多忽少，檢查修補時間忽長忽短，也都是無穩的例子。

◆三等：人等、機等、物等

人等，指作業人員有等待時間的無駄。人員等待的原因主要有等待物料部件的供應、等待前工序的在製品送來、等待機器設備的修理、等待換模、等待管理人員的工作指示等。

機等，指機器設備在等待人員來操作而停止生產，造成機器設備的產量的減少損失。機等的主因有等待材料的供應或切換、上下物品到機器上的時間過長、機器故障等待修理排除、操作人員離開機台而使機台必須等待人員回來操作等等。尤其是瓶頸工序的機器設備，一旦有機等的情況發生，就表示整條線的產量不能達標了。所以，要優先排除瓶頸工序的機等時間。

物等，指生產線上的在製品庫存，在等待下一工序的加工工作。中間在製品愈多，表示等待的時間愈多，也表示完成一筆訂單的生產交期愈長。如前述，工序之間的在製品愈多，其無駄愈多。所以，要有工序間在製品愈少愈好的想法。那麼，是要少到幾個才算少呢？以筆者的要求，只要少於三個就能接受了，但當然最好是零個。要達成這個目標，首先要導入ＡＰＩＳ真龍小線，再者要教育作業人員，要有在前後工序工作上相互協助的「互助工」觀念。

2.8 先做作業改善再做設備改革

許多企業在變革活動時，最喜歡貼出一些標語及口號，來帶動變革的氛圍。其中有一句是筆者最常見的，也是最為感嘆的一句話——「持續改善」。有一年，某家公司請筆者前去評估其公司改善的可行性，以及成功的機率有多大。筆者前去拜訪時，一進入大門口，映入眼簾的是一則標語，寫著「持續改善」四個斗大的字。巡視生產現場時，所見之處都是傳統的生產方式，即是以機器的功能類別，集中水平式的大批量流，在製品在各工序間停滯等待加工的「亂流」生產方式。最後，筆者與總經理、副總經理交流、溝通見解時，發現這些高層人士都相當堅持「大批量生產，有利於生產成本降低」

的傳統觀念，且難以接受一個流流線生產方式。所以筆者就沒有前去輔導了。

三年後，總經理換人，又再次邀請筆者到公司進行溝通。再次拜訪這家公司時，一進入大門口，三年前那個斗大的四字標語「持續改善」仍然高掛在原處。進入了生產現場了解，發現此處仍和三年前一樣，採用機器功能別集中水平式的「批量、等待、亂流」傳統生產方式。

回到辦公室後，筆者同樣與高層管理者交流、溝通。筆者表示：「此次現場所見狀況還是跟三年前一樣，完全沒有改善。大門口掛的標語『持續改善』，看起來是持續沒有改善。」旁邊的副總經理立即回應道：「有啊！以前老師來的時候，我們是一台沖床一個人操作，現在我們都改善了，購入了自動化的連續沖床生產線，每個機台上都不用作業員去操作了。」筆者答道：「是這樣嗎？我看每個機台確實是不用人來操作，可是我看到機台旁邊站著作業員在監視機台是否有異常狀況發生，以便立即排除。看起來作業人數沒有降低，只是減輕了作業人員的體力負荷。更何況這設備比以前的設備貴了好幾倍，而且產出量也比以前少，就成本而言是上升了。這哪叫改善，應該是「改惡」吧！愈改成本愈高。更何況這個自動化設備是外面廠商做的，勉強說是外面廠商的改善。公司只不過花了高額的成本買進而已。設備廠商也可以將此設備賣給競爭對手，這樣一來，怎麼有提升競爭力的可能呢？」

這就是常見的情形，大多數的公司及人員，幾十年來都仍然沒有改變這種認知，認為只要買進最新的機器設備、自動化設備、機械手、無人搬運車、輸送帶、電腦等等，就是改善，而不理解改善所隱含的意思。今井正明在其著作《カイゼン》（改善）一書中，提出改善是要從現狀改變起，而且是漸進式小步伐的改變。所謂由現狀改變起，就是使用現有的機器設備、製造技術、操作人員來進行變革，以獲取成果，而非只向外界製造設備的廠商購入其所設計製造的機器設備。

筆者手中仍然保有三十多年前，恩師岩田良樹及中尾千尋特別提供的豐田生產方式的教材，其中有一句：「先做作業改善，再做設備改善」。關於作業改善和設備改善（改革），說明如下；

◆作業改善

作業改善除強調從現有的機器設備、製造技術改變起之外，更重要的是作業員工作時間的節省與降低。簡而言之，作業改善就是指降低使用人員工作的作業時間。作業改善的另外一個好處，是不須花費額外高昂費用改變，成果卻非常顯著。例如同樣的產量可以減少一半的操作人員，同樣的操作人員數、機台數及空間，可以使產出量翻倍等。其主要重點就是先將生產線的布置方式，改以產品別垂直式的APIS真龍小線，並消除上述的三無三等，即能快速達成改善的目標。

◆設備改善（改革）

在完成了作業改善之後，筆者會向業主表示，下一階段要考慮設計第二代的生產線了。言下之意，是要開始少產量、少成本、少人化的三少自働化機器設備，以便獲取更多的改進空間，提升競爭力。三少自働化機器設備與常見的高速度、大產能、高成本自動化設備，設計觀點、想法及做法均完全不同，是屬於改革式的做法。這也是筆者將原名「設備改善」，改稱為「設備改革」的目的所在。有關設備改革，後續章節會有所介紹。

2.9 管理制度系統的改革

一般常見的改善手法，通常是著重在生產現場的硬體面，或稱為武功面的改善，而少見支援管理部門的管理方式及制度體系，亦即軟體面，或稱為文治面的改善，頂多只是花錢請外在廠商導入電腦管理系統。這裡的支援管理部門，指的是生產單位以外的部門，包含品管、生管、物管、人資、保全、機建等均是。而APIS則不一樣，它除可改革生產現場的硬體面、武功面外，也注重支援管理部門的軟體面、文治面改革，可說是軟硬兼備，像武林高手般文武雙全的生產改革技術。

為什麼也要注重支援管理部門的改革？因為它可以減少管理的工作負荷及人員，降低固定管理成本，更重要的是，它有助於生產單位的生產資源準備工作，減少缺材料、缺部件及生產需要量的穩定性，對於生產線的產量、效率的提升、縮短交期和準時、準量、準質地出貨給客戶，提升企業的總體競爭力，有很大的貢獻。

但是，管理制度系統的改革，與生產線的布置生產方式有著密切的關係，但若仍採用傳統的機器功能別集中生產方式，則不容易了解此間的關係，也就找不到支援管理部門的改革機會。換句話說，要先做好產品別一個流真龍小線的生產方式，才有條件進行支援管理部門管理制度體系的改革。

2.10 建構變種變量彈性化的生產體系

一九八六年，筆者仍在公司上班的時候，生產單位的管理人員就開始抱怨：「現在是多樣少量的時代了。產品種類多，訂單量少，切換次數多，影響生產效率。」言下之意，便是在暗示生產線效率低落，不是生產單位做得不好，而是業務部門接到的訂單不好。時至今日，三十多年時光過去，在筆者所輔導的公司裡，不論高層或中低階層的管理者，也都重複抱怨多樣少量不好，仍舊抱持著同一產品大批量訂單才好生產的傳統觀念及想法。耳聞於此，筆者都會回應道：「多樣少量三十年前就開始了，不是今天才有的事。」

這些人會有這樣的觀念和想法，其原因很簡單，就是找不到對應解決多樣少量的市場需求趨勢的方法。然而，再進一步探討，這些人還是保留著傳統的」生產本位優先主義」想法。

此想法就是只考慮對生產單位有利的立場來看待這市場趨勢的變化，具體而言，就是大批量生產可以減少切換次數提高效率降低成本。只是，期盼歸期盼，市場的趨勢是朝更多樣更少量的趨勢在發展。所以，永遠坐困愁城，業務接單量愈來愈少，終而走向關門結束的結局。

市場的趨勢不但是愈來愈多樣少量化，更是短命化。同一個產品在市場存在的壽命愈來愈短，不到一年的壽命到處可見。所以，客戶的要求也變成多方面的需求，要求價格低品質好、交期快又準，大訂單、小訂單都能接單生產。如果我們仍然維持著「以不變應萬變」的態度來面對此趨勢，早晚會失去客戶。舉例來說，有不同類別的生產線，每一個類別有其固定的產能。可是，客戶下訂單的類別和需求量，大都是不會相等的，所以有的類別的接單量不足，有的超出。不足時，生產單位往往會採用預測提前生產來應對。超出的話就加班外包，再不行就延遲交貨日期。這都是因為這生產線的類別不想調整切換、固定不變的傳統觀念所致。

而所謂變種變量的彈性生產體制，是不論樣式多樣式少大訂單小訂單，生產線都能很快地靈活切換變動，以應對市場需求的變化，此即「以變制變」的意思。當某個類別的產品需求量多的時候，就切換成該類別的生產線，類別的需求量減少時，就減少該類別的生產線數。所以，要改進縮短切換生產線的時間。此外，作業人員要有多能工、多工序操作的觀念及做法。我們要解除各種限制條件，使整個生產體制不受束縛，愈有彈性變化的能力，就愈能遊刃有餘地應對市場的各種變化。這也是APIS先進生產改革技術所追求的方向。

2.11 APIS的總體內涵概念介紹

APIS是筆者在過去五十年投入生產技術手法研究過程中，所認知最佳的手法。因為它具有「一點切入效果全面」，從源頭解決問題的特點，與其他頭痛醫頭腳痛醫腳式的單一目標追求變革手法完全不同，因為ＡＰＩＳ的改革體系包括了心、技、體三大內涵的改革：

1. 心的改革

心的改革是指思想觀念的改革，有時也稱為意識改革。在上述各節中已經介紹了各方面的具體改革。總而言之，主要的改變方向，是要將「生產者本位主義」，改為「消費者本位主義」，即依據客戶訂單的類別數量及交貨日期的先後順序生產，而不要以生產者的方便及追求自我利益的角度生產。其次，要著重在支援管理部門管理制度系統的改革，以降低固定管理成本。再來是在追求自己企業的利潤提升競爭力的同時，也要兼顧節約資源保護環境拯救地球造福人類永續生存的崇高的目標及理念。

2. 技的改革

技是指為實現心的改革，也就是實現企業經營的目標及ＡＰＩＳ的理念，而採用的改善、改革之技法、手法、工具、方法。如果只是知道要改革、要實現理想目標，而沒有具體的手法來達成，那就只是空談，目標永遠不會實現，保持現狀，不會進步。APIS的手法涵蓋面相當廣泛，主要包括生產現場硬體面武功面的改善改革，也包括管理部門的軟體面文治面的改善改革，以及新產品開發量產方面的改善改革。而且這些手法多與一般常見的手法不同，有其獨特性，手法主要如下：

(1) 生產現場的改善改革手法

- DML真龍小線麻雀工廠。
- 3M三少自動化設備。
- 一個流線生產。
- 多工序作業。
- 價值流程圖（Value Stream Mapping, VSM）。

(2) 管理制度的改善改革手法

- 滾動十三週生產計畫。
- 後拉式及時生產。

◆多回少量平準化生產。

◆快速切換。

◆零不良的品質管理。

◆TPM全員生產保全。

◆5S環境及目視管理。

◆倉儲及先進先出管理。

(3)新產品開發量產的改善改革手法

◆品質機能展開。

◆田口方法／穩健設計（Taguchi Method Robust Design）。

◆3P生產準備。

3. 體的改革

體可以說要去身體力行實際去體驗的意思。也就是說要將所學的新知識新思想新觀念及新的改善改革的手法，拿出來實際去行動以實踐我們的目標理想。如果，「不力行，但學文」，只學不做當然也不會改變不會進步。這個道理眾人皆知。可是，事實上大多數的企業其在行動力、實踐力和貫徹力都不理想。APIS在這方面也發展提出其獨特有制度化的改善改革的制度及組織。其主要的手法如下：

◆問題分析解決八大步驟。

◆自主研究會。

◆APIS改革行動二十守則。

| 第二內涵 |

技法篇：技

第三章　生產線布置的改革：真龍小線麻雀工廠

常見傳統做法：機器別、功能別、水平式、集中式、批量流、停滯等待

APIS創新做法：產品別、一體別、垂直式、分散式、一個流、連續流動

3.1　常見傳統的生產方式的特徵及弊病

何謂傳統？重點來說，就是自數十年前開始，迄今仍存在的做法。對於製造業者來說，大部分的工廠仍沿用工業革命後，二十世紀初期所產生的生產方式，來進行生產產品的過程活動，一百多年來都沒有變過。這種傳統方式的特徵就是「批量、等待、亂流」的生產方式。為什麼會有這樣的特徵？其產生的背景及所衍生的弊害為何？

功能別機器集中的離島式布置，是問題源頭

十九世紀末開始的工業革命，其最大改變是將人類的生產方式，由人力轉變為機器動力，大幅增加產量，降低成本使更多人可以負擔，提升人類的生活水準。早期的機器

設備是稀有且昂貴的，為了充分使用機器產能以降低成本，加上當時對於生產線的設計方法尚未有所研究，在需求量大於供給量，產品類別亦不多的時代，只要做得出來就賣得出去，企業自然會將相同功能的機器集中，以便大批量生產、降低成本、利於銷售，便採用「機器別、功能別、工序別、水平式、離島式、集中式及批量式」的生產方式。然而，這樣的生產方式，時至今日，仍為多數的企業所使用，讓筆者十分吃驚及感嘆！為什麼一百多年來，人類在科技領域上有了大幅度的進展，而在生產方式卻仍然不變呢？對於這樣的現象，筆者分析主要的原因如下：

(1)不知道這種集中大批量生產方式的弊害，在今日不但不能降低成本，反而會增加成本。

(2)不知道、不學習、不吸收、不認同、不會做新的APIS真龍小線生產方式，且未認知真龍小線可以降低成本，並帶來其他好處。

現在我們來了解上述的傳統生產方式，所會帶來的不良後果。由於是大批量集中生產，且為離島式布局，意即後工序的機器設備位在他方。所以，在本工序所完成的在製品，無法立即傳送至下一工序，而必須等待整個批量完成，才能以批量方式，搬運到下一工序繼續加工，如此往復，直至完成，而產生不必要的搬運無駄，和作業員重複取放在製品的動作無駄。同時，也必須有空間來放置在製品的批量，形成了多餘的空間需求。等待批量完成的停滯時期，也使得批量完成的生產交期變長。當批量生產的數量愈大，生產的工序愈多時，停滯等待的時間就更長，占用的生產空間就愈大——這又會引發另一個後果，就是外購的材料也必須更早入廠，以免延誤客戶的交貨期。材料庫存的增加，也使倉庫空間的需求增加，從而增加了管理成本。換句話說，傳統生產方式會產生七大無駄，並導致生產交期變長，不必要的廠房空間需求增加、成本增加等，種種不利於企業競爭力的後果。

3.2 APIS的創新生產方式：真龍小線麻雀工廠

長久以來，機器別、功能別、離島式、集中式、大批量的生產方式，仍是多數企業運作的方式。探究其原因，就是不知道、沒方法去改變。而事實上，要做如此的改變，不僅僅是生產線設計及布置的方式而已，還需要其他變革措施來配合，才能創造嶄新風貌的生產方式。例如在機器設備的設計考量方面，即須跳脫傳統的見解；操作人員也要從一個人操作一種工序的觀念，改變為一個人可以多工序操作，更必須客觀地評估每個工序的作業時間，才能建構出新的方式，此即「真龍小線麻雀工廠」的生產方式。真龍小線可以分為兩部分來介紹，其一是真龍線，另一是小線，以下逐一說明。

真龍線

何謂真龍線？真龍線是指生產設備的安排，要以產品別的生產工序的順序號碼，來安排機器設備的布置位置，使每個工序在完成一個在製品後，即可立即傳送至次工序的機器設備，連續加工，直至完成。真龍線即指頭尾相連，一氣呵成完成生產加工的工作，就像一條龍，龍頭、龍身、龍尾連結為一體，同時活動。

具體來說，真龍線具有「三一重點」的特徵。關於三一重點，詳述如下。

1. 一個化作業

一個化作業是指工序生產時，每次僅拿取一個在製品，進行加工、檢查、傳遞，如此進行，直至所有工序完成，產出成品為止。此即「一個流」的意義，亦稱為單件流（Single Piece Flow）生產。

2. 一貫化流程

一貫化流程是指要將產品製造所需的工序，由第一個至最後一個連貫起來，使之能夠連續生產，亦稱為連續流生產。一貫化生產可說是一個化作業的前置條件，沒有一貫化的流程，就無法達成一個化作業所需的其中一項條件——傳遞在製品到次工序加工生產，中斷其作業的進行。

此外，為了建立流暢的一貫化流程，最好是一個工序使用一台機器設備，前後工序的機台數須以一比一配置，形成直流式的連續生產，以避免一台前工序機器須對應多台後工序機器的情形。在機器設備的選用上亦須注意，勿使用傳統高速度、大產能、高成本的自動化設備，而要使用符合少產能、少成本、少人化的三少自働化設備。

3. 一體化生產

一體化生產是較一貫化流程更進階的生產方式。在某些產品的生產流程中，會出現分流為主流與支流的情況。支流是指該產品的某些部件或組件，在加工工序完成後，必須匯入主流的某一工序進行組合，方可繼續往下一工序進行加工生產。

通常的做法，都是在主流生產的數日或數周前，先將支流的部件或組件送往另一場所提前生產，再將整個批量運送至主流使用，這樣的方式容易產生效率較高、生產運作較易的錯覺；事實上，此間存在著許多無駄工作，反而會使成本增加。而真龍線的理想情況，是要將產品的所有支流都併入主流生產，即支流每完成一個部件或組件，就立即傳送到主流的工序上繼續流程，無須提前，而可同步生產，因而亦稱為同步化生產。如此可以消除許多無駄，進而降低成本。然而多數企業都不知道，或未能實現一體化生產，因為在實施一體化生產之前，必須先做好一個化作業，以及一貫化流程，方能順利進行。

為符合「三一重點」的要求，機器設備的布置方式就十分重要。首先必須打破傳統依機器設備功能別，集中布置的水平式布置觀念，以及集中大批量、停滯等待、搬運、亂流的生產方式。要改依產品別、不同生產工序的機器設備，按其工序順序號碼排列靠攏的垂直式布置，以實現一個流、連續流及同步流的最佳生產方式。

小線

真龍線又可以進一步區分為大線與小線。大線是指一條線每小時的產能較多，小線則較少。然而，所謂的產能較少，要多少才算少呢？其實它不是以產能數量的多寡來判定孰大孰小，大線與小線是相對語言，而不是絕對數字。例如，原有一條線，其一小時的產能是二百個，將之分為二條線，每條線每小時的產能是一百個，二條線的總產能仍是一小時二百個，與原有一條線的產能相同，沒有改變；則原有一小時產能二百個的線，就稱為大線，每小時產能一百個的線，就稱為小線。如果再進一步將每小時產能一百個的線分做兩條線，每一條線的產能是五十個，則原來每小時產能一百個的線就稱為大線，新分出每小時產能五十個的線，就是小線了。

在APIS的改革中，都會有一個理念，就是要朝「多條真龍小線」的方向發展。以上述為例，我們認為二條每小時產能各一百個的生產線，要比一條每小時產能二百個的生產線較好；四條每小時產能各五十個的生產線，又比二條每小時各一百個的生產線來得更佳。為什麼？因為多條小線可以多樣、少量生產，或是少樣、大量生產，大小訂單都能靈活對應，也就是前文提過的變種變量彈性生產體制。其優點說明如下：

- ◆可以較少的作業人員的需求，完成一個產品的生產。
- ◆可以使生產線平衡效率較高，提升人員效率及勞動生產力。
- ◆可以減少不必要的換線、換模次數，提升產出量。
- ◆可以減少模具、刀具、治具的數量，降低成本。
- ◆可以有效縮短訂單交期天數。
- ◆可以減少不良品及材料的耗用量。

3.3 極大／極小化一條線的產能

雖說多條真龍小線化有上述好處，但別為了小線而小線。筆者看到部分工廠管理者，其目標為每小時生產一百二十個，卻將原有一條每小時一百二十個產能的生產線，改為每小時僅生產六十個的一條小線，並認為這就是小線化。此即為小線而小線的例子。筆者問道：「既然目標相同，每小時要做一百二十個，不就需要兩條線嗎？這樣一來，會使機台數量增加，占用空間也增加，整個成本也上升了。這怎麼是正確的呢？」管理者回答：「可是小線有許多好處。」筆者又問：「想想看有沒有可以小線化而又不增加機器設備的成本的方法？」管理者立即回應道：「哪有可能！這是不可能的！」

由此可見，要正確理解問題所在，就必須先改變觀念，了解多條小線的正確的做法及其前提條件。

極大化一條線的產能

每個人都希望在現況下盡可能提高生產的能量，以求降低成本，這樣的想法是正確的。但是，許多時候其所採用的方式，都不是從現況進行改善工作，進而提升產能，而是先花錢買進設備，用更多的空間來放置機器，並招募更多的作業員，以增加產能。這樣的方法，不但不能降低成本，反而會失去降低成本的機會。

在傳統的生產現場裡，管理者往往不知該從哪個工序的產能提升做起，甚至不知道現有機器的最大產能是多少。大多數人口中所說的產能，通常是指現在實際生產的產出能量，筆者稱之為「實際產能」。這種實際產能是因為在現況下，作業過程中有太多無效的工作無駄存在，造成產能損失，也就是「可動率」的損失，使得設備無法達成最大產能。如果可以先從改善做起，減少無駄，就可以提高設備的可動率，並提升設備的實際產能。

真龍線的設計理念是以垂直式產品別一個化、一貫化、一體化來設計生產線。所以，最大化的產能是以整條線的最大理想產能來認定。那麼該如何知道整條線的最大產能呢？筆者的判定方法，是以整條線上最貴的一台設備，其一小時的最大產能計，此工序也稱為「瓶頸工序」，以做為設計生產線平衡的依據。所謂平衡，是指其他工序的理想產能等於或稍多於瓶頸工序的產能，不用超過太多，那是沒有意義的。

舉本節前文例，假設在該目標為每小時生產一百二十個產能的真龍線裡，瓶頸工序的產能（即最大產能）是一小時九十個，我們就必須以一小時九十個為目標做為生產線平衡的依據，並將其他的工序匹配成一小時九十個的目標，充分發揮這條線最大產出量的能力，進而「極大化一條線的產能」。一條線的最大產能既為每小時九十個，便不可錯誤地將每小時生產六十個的產能視為判定小線的依據，認為少於六十個就是小線，大於六十個就不是小線，並將每小時生產六十個的產能視作平衡的標準，忽略原有的最大產能是每小時九十個，因而損失生產線的產能。這不是正確的小線化方式，如此只會增加成本而已。

極小化一條線的產能

本段標題與前段標題「極大化一條線的產能」，有著相反的意思。到底是要讀者朝極大化，或是極小化的方向發展呢？筆者會如此回答：都要做。這樣的說法看似矛盾，但卻十分合理，而且是正確的發展方向。

具體來說，「極小化一條線的產能」是在將現有一條線的產能極大化之後，於下一階段思考研究應如何將原來的最大產能降低，以利小線發展。例如原來一條線每小時的最大產能是一百二十個，是否可降低為每小時六十個，使原本的一條線能分成兩條線生產，以獲得多條小線化的好處。

但是，切勿採用為小線而小線的做法，因為這種做法不但不會產生多條化的效果，也不會獲得多條小線的好處，反而會降低總產能，而使成本增加。例如，原來有十條生產線，每條每小時的產能為一百二十個，若使用為小線而小線的做法，只將每條線的產量目標改設定為每小時六十個，而稱之為小線，則原來的十條大線只會變成十條小線，並不會產生多條化的效果，反而降低一半的產能。所以，為小線而小線的做法是錯誤的，未蒙其利先受其害。

正確的方法，是將原有之大線瓶頸工序的機器設備停用，重新設計為三少自働化設備，也稱為第二代生產線。同樣舉上例，如將原本每台一百萬元，每小時產能一百二十個的瓶頸工序設備進行開發，改為每台五十萬元，每小時產能六十個的第二代設備，就可在沒有增加設備成本的情況下，將一條線的最大產能由每小時一百二十個降為六十個，並把生產線一分為二。原來的十條大線，現在可以分為二十條小線，從而獲得多條小線化的好處。

這才是極大化並極小化一條生產線產能的真正意義，兩者間並沒有相互矛盾。但是，要達成這個做法，首要條件是開發出符合三少自働化的設備，這在後續的章節中會詳細介紹。

3.4 麻雀工廠

真龍線的改革，是以製造部門單位為對象的改革，也是以線為對象的改革。其主要意義，是打破傳統以來功能別、水平式，改為產品別、垂直式的機器布置觀念。產品別、垂直式的真龍線有許多好處，同樣的觀念也可套用在支援管理部門的管理上，傳統的思想觀念，可視作功能別、水平式、集中式的管理制度，也稱為中央集中管理方式。

在工廠裡製造一個產品，不是只有依靠製造部門一個單位就可以，而是要有許多其他的支援管理部門的協力運作，才能將訂單的產品交運給客戶。如材料的購買及儲存、品質的管控、機器的維修、人力資源的管控等。在一個工廠或是廠區內，我們也都採用傳統的功能別、水平式、集中式管理觀念，設立了不同的管理部門。這就是傳承了二十世紀初，被稱作科學管理之父的泰勒博士（Frederick Winslow Taylor），其科學管理原則之一的「分工合作」。這種分工合作的觀念各有其利弊。好處是各有專長集中資源在同一部門工作，壞處是各部門有各部門的考量、利益及工作順序，所以部門之間若須請求支援時，通常須花費更多的時間溝通，而延誤決策、行動的時機，造成損失。這就是管理組織效能效率的低落與退化。這正應了俗話所說的「人多嘴雜」，部門層級愈多、單位愈多，愈難溝通及取得共識。

例如整個廠裡有一棟廠房，專門做為材料倉庫，全廠的材料都集中於中央倉庫，認為如此較易管理。站在材料倉庫的本位立場，這麼做當然有利，但是對於使用材料的生產單位，就會產生不利的影響，例如必須有人做較長距離的搬運、要增加人員實施材料的領用管理、甚至造成材料供應不及或不足到生產線，而使生產停滯，損失產量。然而，這些都不是材料倉庫認為需要改進的地方，反而怪罪於其他部門的人員。因此，常常看到不同部門之間爭論誰是誰非，事後卻沒有單位追查問題真因，以防再發。

從中央集中管理往分散自主管理改革

APIS對於支援管理部門的改革，是由中央集中管理，往分散自主管理的方向邁進，盡量減少不必要的中央集中管理單位，將之分散至各個廠房的管理單位，如品質管理、機器維修、製程工程師、材料倉庫、成品倉庫等，各管理單位均應位於產品別的生產線旁邊，或至少位在同一棟廠房內。換句話說，廠房也可依不同的客戶別做區分，每一個廠房都備有製造、品管、生管計畫、機修、製程、材料倉庫、成品倉庫等部門，並歸於該廠的最高管理者管理，不再與過多的支援管理部門，花費過長的時間溝通協調，而延誤決策行動的時間。

這種各自自主管理運作的廠房，取俗話「麻雀雖小，五臟俱全」的說法，稱之為「麻雀工廠」。

3.5 真龍小線麻雀工廠的前提條件

上文僅介紹「真龍小線麻雀工廠」的意義及好處，是「目的」性的說明，並未提及其做法。真龍小線麻雀工廠的實現，須透過其他的實踐「手段」來達成。這些手段，就是實現真龍小線麻雀工廠實現的前提條件。這些條件主要有：

- 三少自働化設備。
- 一個流流線生產與多序工操作。
- 價值流程圖。

關於這些前提條件的詳細說明，將在後續的章節中介紹。

第四章　機器設備的改革：三少自働化設備

常見傳統做法：高產能、高成本、高定員三高的自動化、高故障專用機

APIS創新做法：少產能、少成本、少人化三少的自働化、少故障通專機

4.1 設備的選用是多條真龍小線能否實現的關鍵

在APIS改革中，最核心的技術，就是上一章所談到的真龍小線麻雀工廠，尤其是多條真龍小線，更為重中之重。上一章也曾介紹過多條小線的真義，不可以有為小線而小線的做法，而是要將一條線內瓶頸工序設備的產能極小化，如此才可以將一條大線分成多條小線。

傳統以來，對於設備的選用，由於沒有多條小線化的認知及做法，總以為只要選用高速度、大產能的自動化設備，提升一台設備每小時的產能就是正確的選擇，認為這就是較佳的自動化設備。例如原來一台機器每小時的產能一百個，若有一小時產能二百個者，就認為其較佳。若再有每小時產能五百個者，則認為這又更好。但是在APIS

的認知裡，一台機器的產能愈大，愈不利於多條小線的發展，反而會形成更大的阻礙。由此可見，設備選用的正確與否，是多條小線化能否成功的關鍵所在。不可不慎始。

4.2 常見傳統自動化設備的特徵及弊害

長期以來，生產線的機器均是採用機器功能別、集中大批量生產的模式，加上前後工序的機器又分別位在他方，管理者因而較無生產線平衡的想法，而是以個別工序的幾個機台加總，做功能別、工序別的平衡考量。嚴格來說，這種機器別、水平式的機台大批量集中生產的布置方式，並不存有「生產線」的概念。

APIS所談的「生產線」，是以產品別來區分的。不同的產品有不同的工序，以及所使用的設備。因此，不同的產品別，就有不同的生產線。進而言之，既然稱為生產「線」，就隱含著一個意思存在——一條生產線就像是珍珠項鍊，一個工序就是一顆珍珠，要製成一條項鍊的條件，就是可以用一條線將每顆珍珠依序串聯，連結在一起。所以生產線的「線」的意義，就是可以依產品別，將不同的上下工序串聯，就像用一條細線連結起來，以一個流的方式一氣呵成地完成，而不用再大批量搬運在製品到下工序進行加工。明白此意，就可以知道傳統功能別水平式的布置方式，是不具有生產線之概念的。

在這種傳統功能別、集中式的布置主流導向之下，使個別工序的設備製造商，都是以追求更快速度、更高產出量，來進行機器設備的設計，認為速度愈快、產量愈多的設備，就是較好的設備；部分企業更認為這種傳統高速度自動化設備可以節省人力，提高效率，是值得投資購入的。但是以筆者的分析及經驗，認為不盡然如此；因為他們僅考慮單工序設備的直接人員數，而沒有考慮其他周邊支援單位的耗用增加，反而會產生不利因素，例如維修人員的增加、維修成本的增加、搬運工作不能消除等。總而言之，七大無駄都繼續存在，不減反增。

所以，我們要進一步了解傳統高速度自動化的特徵及弊害。一般而言，愈高速度的設備，其成本愈高，而且是以級數增加。又因其高速度特徵，對於材料規格的範圍通常要求較為嚴格，機構也較為精密，所以故障率高、換模時間長，瞬間停機次數頻繁，故設備的可動率都很低，多數均未超過七十%。

另外，由於瞬間停機頻繁，且未具備可人離化的停機警報裝置，故仍需作業人員在旁監視機器的異常狀況，以隨時立即排除異常，所以沒有達到減少作業人員的效果，只是減少了操作人員的體力強度，省力化而沒有省人化。機台在進行生產時，必須有固定人數的作業員來照顧機器；當訂單需求量減少時，仍需固定的人數操作，形成定人化，也稱為高定員的操作方式。這種設備不具有隨著訂單量的多寡，而調整操作人數的少人化功能。

以上只是針對傳統自動機器所提出的缺失。然而，更嚴重的弊害，是由於企業往往欲使用高速度、高產量的設備進行集中生產，其速度、產量愈高愈佳，導致前後工序無法以一比一的平衡狀態配置，往往是一台對應多台，或是多台對應多台的情形，無法形成多條真龍小線的理想狀態，因而失去競爭力。

形成多條真龍小線的前提，是每個工序只能有一台機器設備，且每個機台的產能必須接近相同，以呈現平衡狀態。因此，要使用與傳統理念不同的三少自働化設備才能達成。換句話說，我們要進行設備改革——改變長久以來多數人所認知的傳統高速自動化的設計，以及使用觀念。

4.3 三少自働化的意義

APIS的理想設備，就是具有三少自働化功能的設備。這與傳統高速度的自動化設備，有著完全不一樣的設計理念及要求。所謂三少（3M）是指：

◆**少產能**（Minimal Capacity）

少產能就是希望最關鍵、最昂貴的設備，其產能愈少愈好。以便將一台產能較大機器供應一條大線，改為二台產能較少機器，分成兩條小線。這是多條真龍小線實現的前提條件及基礎。

◆少成本（Minimal Cost）

少成本就是降低少產能設備的成本。因為拆分多條小線後，機台數量雖增加，但我們希望機器設備的總成本能夠維持，確保每一產品機器設備折舊的成本不會增加，甚至可以降低。例如若將原來一台一百二十萬元，每小時產能一百個的機器，改為二台每小時產能五十個的機器，則後者的目標成本就是六十萬元。

◆少人化（Minimal Operator）

少人化就是希望操作機器的人數彈性，能夠隨市場訂單量的多寡而增減人數。例如一台機器每小時的產能為一百個，需要一個人來操作；少人化希望達成當訂單需求量為每小時六十個時，能以〇・六人進行操作的目標，而剩餘的〇・四人力，則可以改操作前後工序的其他工作。要做到生產線上的操作人數可隨訂單需求量增減，有兩個先決條件。一是生產線須為產品別的真龍線布置，二是設備要依照 APIS 三少自働化設備的原則設計。

若能實現三少自働化設備，就可建立理想的多條真龍小線，帶來許多好處。這是很重要的關鍵觀念，往後購買設備時，都要考慮三少的要求。此外，由於少產能，速度無須快，所以機器故障率低、可動率高，更可使生產線穩定地生產，達成每日生產計畫的需求量。

另外，由於少產能的設備構造簡單，部分公司甚至可以自己買進一般的通用設備，自行加裝附屬機構，就可專用於某一產品的自働化生產。該產品停產後，也可以保留主要的通用機部分，改裝新的附屬機構，就可以生產新的產品，因而降低設備的成本。這樣的設計概念就是「通用機專用化」，簡稱「通專機」。傳統高速度自動化設備通常都設計成專門針對某產品生產的專用機，當該產品不再生產時，設備無法轉用於生產其他產品因而報廢，相較之下，通專機好得太多了。

4.4　自働化與自動化的不同

自働化設備與常見的高速度自動化設備，有著截然不同的設計理念及做法。一般人所想的自動化，其目的都是用機器取代人力，以減少作業人員的需求，所以就往高速度、高產能的自動化發展。自動化是為追求單一目的——減少人力需求，以降低成本、提升競爭力而產生，然而事實上，這樣的期望通常都會成為失望。即使人力需求減少，生產的成本卻反而增加，因為設備的折舊成本，以及支援管理設備之人員及管理成本都上升了。有時候，實際可以省下的人數，也沒有當初所預期來得多，因為高速度、自動化的設備故障率高，瞬間停機次數頻繁，使機器在自動生產時，仍然需要人員在旁監視，以排除異狀。本來自動化機器的用意是機器在自動生產時，不再需要人員照顧，可是實際上卻並非如此。自動化設備的原始目的若失去，頂多可稱為省力化的設備，節省了人員的體力負荷，但並沒有減少人數。這就是高速度自動化設備的常見現象。

人字邊的自働化，指的是中間的「働」。這是一般常寫的「動」字，旁邊再附上人字旁，意思是這種自働設備，已附上人員的功能在其中。這是豐田生產方式的二大主要支柱之一，其主要意義是「能夠自動停止生產的設備」，目的在於確保品質，沒有不良品流出到下工序及客戶手中，以及減少人工時間。它不強調常見的利用高速度、高產能的自動化設備來減少作業人力，而是以減少人的動作的時間做為減少人力的手段。為什麼自働化有確保品質的作用呢？那就要從最初自働化的意義說起。

自働化設備是指機器在進行自働生產時，若有不良產生，便可自動停止製造不良品，以保證沒有不良品流到下工序及客戶手中，使品質得以確保。所以，當機器正常生產時，操作人員可以不用在旁監視設備，以等待不良的發生並排除，因而消除人員等待時間的無駄，進而減少人力。再進一步說明，可將自働化解釋為當機器設備需要人員處理時，便能自動停機不生產，並設有通報裝置，以通報作業人員迅速前來處理；因此當機器正常生產時，操作人員可以離開設備，去進行其他的工作。所以，自働化的條件之一，就是要有「人離化」的功能。

然而，常見的自動化設備，多數不具有自動停機功能，所以當機器設備正常生產時，仍然必須有人員在旁監視，不能離開機器去做其他的工作，因而產生人員等待時間的無駄，使減少人力的目的大打折扣。這就是為何須使用自働化設備，因其本身就具備自動監測異常的功能，不必額外人員在旁監視。而常見的自動化機器設備，則沒有自動監測的功能，仍然需要人員在旁監視。關於自働化及自動化的差別，簡言之如下：

◆自働化：能夠自働停止生產的機器設備，人離化、少人化，追求適速度、適產能。

◆自動化：不能自動停止生產的機器設備，人定化、省力化，追求高速度、高產能。

4.5 自働化設備必備裝置——Andon 警報器

APIS 自働化設備的重點放在「人離化」，當機器設備在正常自働生產時，作業人員可以離開機器設備，去進行其他工作，當機器設備有需要作業人員前來處理時，作業人員才過來處理，這樣就可以消除作業人員監視等待的無駄，進而減少人力，提升人員效率。可是，作業人員怎麼知道機器設備有需要作業人員來處理呢？方法是在機器設備上安裝警報器。此警報裝置在豐田生產方式中，是以日語「アンドン」（Andon）稱呼之。當機器設備有需要人員來處理時，會視情況自動停止生產，Andon 警報器亦會自動作動，進行通報。因此，自働化機器設備必須要有 Andon 警報器的裝置，使能夠「人離化」；換句話說，沒有 Andon 警報器裝置的機器設備，就不能算是自働化。

機器設備上的 Andon 警報器，必須具有聲音及燈光的功能，才能充分發揮人離化省人化的效果：

(1)聲音的功能：通報機器有需求要處理

聲音的功能是用來通報作業人員，機器有需要人員來處理了。聲音又分為兩種：

◆和緩的聲音：像是門鈴音樂盒的聲音，較不會使人產生緊張感。此種聲音用來表示現在機器仍在自動生產中，但是稍後，例如三分鐘後，若沒有人員前來處理，機器就會停機。此種聲音，就是停機的預告訊息。

◆急促的聲音：像是消防車救護車的鳴笛聲，會使人產生緊急感。此種聲音用來表示機器已經停止生產，人員必須立即過來處理。

⑵ 燈光的功能：通報機器的處理需求

在聲音響起之後，人員必須知道是哪一台機器，有哪一個需求類別需要處理。現場通常會使用不同顏色的燈光，來區分需求的類別。在聲音響起之後，人員只須抬頭一望，看到燈光即可知道是哪一台機器、哪一個需求類別要處理。下列的顏色，可表示不同類別的需求：

◆綠色：成品滿量。
◆藍色：材料補充。
◆黃色：機器故障。
◆紅色：品質異常。
◆白色：換模換線。

4.6 自働化的進行步驟

基本方向：追求全線的自働無人化，而非單一工序的自動省人化。

一般來說，多數人對於三少自働化設備的思想觀念所知不多，所以一般外購的機器，仍是常見的高速度、高產能自動化機器設備，難以符合ＡＰＩＳ的期望，故自働化的機器設備，通常須由公司內部進行改善製作，或提出需求委由設備廠商量身訂做。

某些人可能會認為公司的規模不大，沒有設計及製作自働化設備的人才及能力，所以沒辦法自己做，因而放棄朝自働化機器設備的改善去努力，當然就無法實現「多條真龍小線」的理想生產狀態。以筆者三十年來實際輔導許多產業別及規模不同公司的經驗來看，其實多數企業都可以自己進行自働化的改善，只須掌握下列的關鍵觀念及步驟即可達成：

1. 關鍵觀念

(1) 先進行一個流流線化生產，即真龍線的改造。這是前提條件。

(2) 從事關鍵瓶頸工序之機器設備的改造。

(3) 個別工序的機器設備，其生產速度只要滿足一條線的目標產量的速度即可，例如每小時六十個即可，不要有愈多愈好的想法。

(4) 從現有的機器改變起，再開發第二代的自動化機器設備。

2. 進行步驟

要進行機器設備的自働化改造，須先由人工操作機器的過程進行了解。人工操作機器，可分為下列步驟：

(1) 人手安裝加工品上機台。

(2) 人手持住加工品。

(3) 人手啟動機器設備作動。

(4) 人手進刀。

(5) 人手停止。

(6) 人手返回。

(7) 人手取出加工品。

(8)人手檢查。

(9)人手傳送加工品到下工序。

改造時則依下列步驟逐步改造：

(1)人手持住改為自働持住：解開用手持住加工品的動作，亦即「手離化」。

(2)人手啟動改為自働啟動：減少人工時間及加工時間。

(3)人手進刀改為自働進刀：穩定進刀時間確保品質。

(4)人手停止改為自働停止：減少人工時間及加工時間。

(5)人手返回改為自動返回。

上述(1)至(5)若做到位，便可將機器設備視為擁有自働加工能力。不用人員操作，只須將加工品裝入機器，加工後再取出加工品即可，人員可以離開機器設備，達成人離化。當整條線的每個工序設備，都已改造為自働加工人離化時，日語稱之為「著脱化」（著脱化，ちゃくぬぐか，Chakunuguuka）生產線。「著」代表將加工品裝入機台，「脱」則代表將加工完成的加工品取出。生產線若可做到「著脱化」的境界，原先一人操作一台機器的情況，就可以改為由一人操作多個不同的工序機器設備，大幅減少作業人員的需求。

(6)人手取出改為自動取出：要進一步減少人工時間，就要做好自動取出，又稱自動彈出（はねだし，Hanedashi）的改善，當產品完成加工工作後可以自動退出加工的位置點。如果整條線內每個工序機器都能做到自動彈出，則作業員只需做安裝，也就是「着」的動作。因此，這樣的生產線，也稱做「著著化」（着着化，ちゃくちゃくか Chaku Chakuka）生產線，可進一步減少人員。

(7)人手檢查改為自動檢查：減少人工時間及漏檢流出不良品到下工序，可以確保品質。要發展出防錯裝置自動檢查的方式。

(8)人手傳送改為自動傳送：傳送是指將本工序加工後的產品傳送到下工序的加工點。將人手傳送改善成自動傳送，可以減少人工時間。但必須是一個流流線化的生產線，才有條件實現自動傳送，至下工序。

(9)人手安裝改為自動安裝：可以減少人工時間。完成建立無人化生產線的基礎的最後一哩路。

當整條生產線內，連續幾個工序的機器都做到⑴至⑼的境界時，這幾個連續工序就不再需要人員進行操作，成為局部無人化的生產線，稱為「盲腸化生產線」。當持續改善至整條線只需一位作業員來操作，這樣的生產線稱為「一人化生產線」；再持續改善下去，最終有機會實現「無人化生產線」。

由上述可了解自働化的最終目標，是追求一個產品生產線的無人化，消除工序間的搬運工作及人力，可以省下人員的耗用。這與常見之自動化在單工序利用高速度、高產能，以減少人數的做法，是大為不同的。因為傳統的自動化設備，其在工序間仍存在需要批量搬運的工作及人力，省下的人數較APIS自働化為少。這是高速度、高產能設備在引進評估時容易出現的盲點——沒有將搬運人力的減省列入考量，甚至認為這是毫無關連的事項。

然而，有些企業卻會以無人搬運車來減少搬運人力的需求，甚至認為這是很好的自動化。這也是頭痛醫頭、腳痛醫腳的單一目標解決方式，僅減少搬運人力的需求，而不能同時解決其他問題。因為無人搬運車仍然是大批量搬運，在製品庫存多，沒有縮短生產交期時間，仍然占用過多的生產空間。

其實欲減少搬運的人力無駄，最佳方式是不使用無人搬運車，而是消除搬運距離，一次僅傳送一個在製品到下工序，建立一個化、一貫化、一體化的流線生產線，便可同步減少搬運設備和人力，減少在製品庫存，縮短生產交期，並節省生產空間；從根源解決問題，達成多重目標。總而言之，若要省下更多人力，就必須朝整條線的自働化努力，切勿再以單工序機器設備之高速度、高產量的自動化做為發展目標。

4.7 少人化設備的設計原則

為了達成無人化生產線的目標，首先必須要先掌握三少自働化的基本方向。少人化與省人化是不同的。少人化是以減少整條生產線的人力做為考量基準，終而達到一人化，甚至無人化的目標。此外，少人化更有一個關鍵的意義，就是真龍線的作業員人數，並非固定人數操作的定員制生產線，而是可隨訂單量多寡而增減的非定員制。例如某條線有十個工序，由十個人操作，每小時產能為一百個。當訂單需求量降為每小時五十個時，可減為由五個人操作十個工序的工作；若是需求量為每小時十個時，則只需一個人，便可操作十個工序。

為了達成上述少人化的目標，APIS自動化機器設備必須考慮一個主要觀念，以及十個容易原則，說明如下。

1. 基本觀念：人不要役於設備，要設備役於人

作業人員不要當機器的奴隸，配合機器的狀態工作。例如每次機器生產時，都必須有固定的人數操作，此即人服務機器。應該是相反過來，機器要當人的奴隸，為人服務才對。機器的操作人數，應可以隨著生產需求量的變動而靈活調整。

2. 三少自働化設備的設計十大容易原則

(1) 容易操作

容易操作，是少人化設計的第一個重要原則。自働化機器要設計成正面窄、縱深長，方便走動作業，以利多工序操作的工作安排。所以機器作業點的高度，要設計在肚臍左右，勿採用使作業員坐著工作的高度設計。同時，也要依照上述自働化設備的進行步驟，將每一機器改善為至少具有人離化自働加工的能力，可以減少人力的設備，縮短學習期間，確保品質。

容易操作三要原則：

- ◆要正面窄縱深可長。
- ◆要站立高度可走動。
- ◆要人離化自働加工。

(2)容易傳送

容易傳送，指的是前工序的完成品可以很短的距離，輕鬆傳遞到後工序繼續加工，所以要設計成逆時針的傳遞方向，前工序出口須靠近後工序的入口，即一個流的生產及傳送。同時，也要將同一機台的出入口設計在同一端，避免出入口不同處，兩端都必須有人操作，以充分應用人力，以一人多工序操作，減少人員需求數。

容易傳送三要原則：

- ◆要一個流可傳送。
- ◆要逆時針可傳送。
- ◆要入口即是出口。

(3) 容易省時

須注意機器的加工時間是否可以縮短，減少上下工件的時間，以降低機器的等待時數。要少做如同木偶的動作，採用以連結改為連動，減少壓縮空氣的設計方式，縮短行程距離，節省加工時間。

機器時間省時三不原則：

- 不費二秒完成上料。
- 不做木偶連動工作。
- 不做壓縮空氣動作。

(4) 容易移動

機器設備要採用容易移動的設計，使生產線的管理者可以輕鬆移動設備，無須維修人員重新配線、安裝，以易於改變生產線的布置。

設備三要原則：

- ◆要設備滑輪化。
- ◆要地面淨空化。
- ◆要管線天降化。

排線三不原則：

- ◆不落地生根。
- ◆不寄人籬下。
- ◆不離群索居。

(5) 容易自主

容易自主，指機器都能自主獨立運作，不受到其他因素的相互牽制，而造成損失。例如有種高周波機器須二人面對面操作，當一人在加工時，另一人不能同時動作，必須等待對方結束後，才能開始加工，而造成人員等待時間的無駄。也不要有批量生產，一次同時生產出二個以上的產品的機器，不要有同一台機器同時做兩個不同工序工作的情形。

自主三不原則：

◆不要連體嬰設備。
◆不要多頭怪獸機。
◆不要一機多工序。

(6)容易開機

容易開機，指啟動機器設備之後，就能夠開始生產。換模的時間要在三分鐘內完成。不要等待溫機之後才能開始生產，會造成生產線停產等待時間的損失。此外，機器的必要的手持在製品數量要愈少愈好。

開機三少原則：

◆要換模的時間少。
◆要溫機的時間少。
◆要在製手持量少。

(7) 容易轉用

容易轉用指機器設備要有彈性變化的能力。機器設備要能夠變化，適應各種不同的產品需求，避免產品停產，而造成機器設備跟著報廢的情形。

轉用三不原則：

- 不要武士殉道設備。
- 不要藝伎式的設備。
- 不要專用機專用化。

轉用三要原則：

- 要隨產品而變化。
- 要陽春式的設備。
- 要通用機專用化。

(8) 容易品保

容易品保，指能以最少人力進行自動檢查，並確保品質，減少不良品產生。品保三要原則：

- ◆要有適當製程能力。
- ◆要有防止錯誤裝置。
- ◆要有自動檢查裝置。

(9) 容易保全

容易保全，要考慮三個重點，一是減少故障的次數頻率，二是減少每次的修護的時間，三是要減少維修占用空間。保全三要原則：

- ◆要自主保全點檢位在機台前方。
- ◆要維修門用掛取式不用旋轉式。
- ◆要模組化設計快速更換零組件。

⑽ 容易安全

「安全第一」絕不只是句口號，而是機器設備在規畫時，就必須優先考慮確保操作人員安全的設計。不安全的工作環境，容易造成人員的工傷，勞資雙方都蒙受其害。不安全的工作環境也會讓作業人員花費時間注意不安全之處，而使作業時間變長，並產生不良品多發的後果。

機器上所裝置的安全機構，在筆者眼中，仍都陷於傳統設計的窠臼，故雖然有安全裝置，但仍會有工傷發生。例如雙手按住按鈕操作機器的作動，理論上來說，應該很安全、不會受傷才對，事實上仍有不少受傷的案例。筆者認為，其主要原因在於這些設計裝置都沒有從源頭解決，而只是頭痛醫頭、腳痛醫腳。要從源頭解決，就必須設計出即使作業人員意外疏失，也不會造成傷害的裝置，也就是防錯裝置。以下是筆者所認為最重要的防錯做法。

安全三要原則：

◆要將人手的作業點與機器的加工點分離。

◆要有圍籬只可工件進入，人手不能進入。

◆要有故障排除時防止人員誤動作的設計。

第五章　生產方式的改革：一個流流線生產方式及多工序操作

常見傳統做法：機器別布置、批量流、停滯亂流、單能工單工序操作

APIS創新做法：產品別布置、一個流、連續直流、多能工多工序操作

5.1　一個流是真龍線的基礎

前文說過多條真龍小線的生產方式，可以帶來很多的好處及競爭力。真龍小線主要可分成兩個階段，其一是先由現有的機器設備做為基礎建立真龍線，此時的真龍線，相對來說是真龍大線。其二，接著開發第二代的三少自働化設備，以完成多條真龍小線的布置。

何謂真龍線？前文已介紹過，它具有「三一重點」——包括一個化作業、一貫化流程，以及一體化生產。而在此三一重點中，最重要的是一個化作業，須先有一個化作業的概念，才能以一貫化的流程配合實現，並更進一步地追求一體化、同步化生產的理想境界。

一個化作業通常又以一個流流線生產方式來稱呼。一個流的定義是在進行每一工序時，都只能拿起一個產品、加工一個產品、檢查一個產品、傳送一個產品到下工序，直至成品為止。相反地，若每次拿起多個、加工多個、檢查多個、傳送多個到下工序，則稱為「批量流」。多少個在製品，才能算是批量呢？很簡單，只要數量大於一，就算是批量了。換句話說，只要未遵循一個流，就都是批量流。

某些時候，作業人員的工作方式雖也是一次拿起一個、加工一個、檢查一個，在傳送到下工序時，卻是以批量傳送。然而，四個段落的「一個」原則，都必須做到位，否則就不能說是一個流，而是批量流了。傳統的工作方式，都是以批量流傳遞到下工序，而無法形成一個流的流線生產。至於為什麼會以批量流來搬運？這是因為多數的公司都是採用機器別、功能別、集中式的水平式生產線布置，前後工序的位置分離所導致。多數人對於批量搬運傳送的做法少有關注，也較少感受到其所衍生的不良後果，例如在製品庫存增加、可消除的不必要無駄難以解消、不良多、占用空間多，更嚴重的是生產交期變長了。

5.2 一個流是縮短生產交期的最佳利器

企業競爭力的三大KPI——QDC，在第二章已有所介紹。事實上，多數企業對於交貨期的重要性仍少有關注，而忽略其重要性。然而，現在有愈來愈多的客戶要求縮短交期，公司這才開始感受到縮短交期的需要。大部分公司都選擇以建立成品倉庫，或是半成品倉庫來應對，認為這樣可以縮短下單後才開始的生產交期。

但這並不是最好的方法。由於生產交期較客戶要求的交貨時間來得長，無法在接到客戶訂單後才投產，必須依賴對產品類別及數量的推測來進行生產。然而預測通常不甚精準，有其風險存在，常常發生需要的成品庫存缺乏，不需要的庫存又極多的情形。缺貨時，公司仍然必須從第一工序開始生產，所以整批貨的出貨交期也不會縮短。此外，成品或半成品的庫存上升，不僅占用空間、積壓庫存，也會增加管理人力負荷。

如希望不建立成品或半成品庫存，而可應對客戶縮短交期的要求，就要使生產交期比客戶的要求來得短，如此就可以在接到客戶訂單後，依照其產品類別及數量進行生產，並如期交貨。這個道理雖易懂，多數人卻仍認為縮短生產交期極為困難，不可能做到，其主因是其仍沿用機器別、水平式的生產線布置，以及大批量集中生產的緣故，而不能理解批量愈大，生產交期就愈長的道理。

真正可徹底解決生產交期問題的最佳利器，是實現一個流流線生產方式。因為，它是以產品別、垂直式的布置來建立生產線，以一個流流線生產方式來生產。一個流流線生產方式，可以使在製品在每一工序的等待時間大幅縮短，原來二個星期的生產交期，使用一個流流線生產方式後，便可以降為二天。

舉例而言，假設有一訂單量四百八十個的產品，需要經過二十個工序才能完成，若採用傳統機器別的水平式生產線布置，就必須以批量搬運傳送到下工序。又假設每個工序的週期時間是一分鐘一個，整個批量就需四百八十分鐘完成；又，一天工作八小時，共有四百八十分鐘，所以整批完成需時一天。工序共有二十個，故從第一工序投產開始，到第二十工序完成，生產交期為二十天。

現若改為一個流的流線生產方式，也就是真龍線生產方式，由第一工序至第二十工序的生產交期，縮減為二十分鐘，但整批四百八十個，在第一工序投入生產時，需時四百八十分鐘。因此，整批貨的生產交期時間就是五百分鐘，比一天再多一些。生產交期從二十天降為一天，幾乎為改善前的五%。若批量愈大及工序愈多，則降低的幅度也更大。

5.3 一個流流線生產線的設計

傳統的功能別、批量集中水平式生產方式，嚴格來說，並不具備生產線設計的想法，認為只要某個工序的產能不夠時，再購入設備放至該工序的集中區域即可；然而，有時候卻會因為原來的空間不足，而必須連帶變動其他工序的區域，牽一髮而動全身，勞民傷財。

一個流的流線生產線，是以產品別垂直式的布置方式，平衡生產線上各工序的產能。所以一旦建立這樣的流線生產線，原本的動線便無須移動，空間也不會有所限制。即便該產品停產，也只須將機台設備更換或調整位置，即可再供新產品生產使用，原來的生產空間仍然不變。

APIS的真龍線的主要基礎，就是一個流流線生產方式。所以，必須先掌握如何設計這種生產線的二個觀念。其一是以產品別設計，不同的產品別須有其專屬的生產線，因為不同的產品，會有不同的工序，以及所使用的機器設備；其二則是它必須平衡整條線的生產速度（或稱產能）。這樣的觀念在傳統機器別、水平式批量流生產方式中，是無須考量的部分。

為了平衡整條線的產能，首先必須掌握該產品的製造流程，亦即工序，更重要的是各個工序生產一個在製品的作業週期時間，包括人工的時間和機器的時間，以此客觀資料為依據，建立一個流的流線生產方式。釐清上述的必備資料後，就可以依照下列步驟建立一個流流線生產線。

(1) **步驟一**：掌握對象產品的製造流程，即工序的順序。同時也須掌握每一工序加工一個在製品所需的人工時間、機器時間和週期時間。

(2) **步驟二**：決定整條線每小時的目標產量，也可以從目標產量算出目標的生產速度，APIS將之稱為「代用產距時間」（Takt Time）。產距時間的計算，是以整條生產線內最昂貴，或是難以再添購之工序設備的週期時間而定。將整條線的設計調整為產能極大化，大幅提高產量。

(3) **步驟三**：決定各工序應安排幾台機器設備，才能夠平衡整條線的產距時間。這是在布置一個流生產線時的必要條件。各工序的機台數，是以該工序的週期時間除以產距時間而得。

(4) **步驟四**：決定每一工序作業人員的需求量，其方法為將各工序生產一個產品所需之人工時間，除以產距時間而得。將每一個工序的所需人數全部加起來，就是整條線的總需求作業人數。

(5) **步驟五**：布置生產線，或稱為排線。這是很關鍵的步驟。排線排得不好，一個流線生產方式的效果會大打折扣。例如多用作業人員、降低產出量、多占用生產空間、增加管理工作及人員。

APIS強調排線須依照下列五大原則來布置，方可發揮最大效果。此五大原則可說是APIS最精華的要點，尤其是第二原則中的二字型布置，更是重中之重，不可不慎，務必要遵守。

APIS排線五大原則：

- 依工序順序號碼排列，盡量靠攏。
- 二字型布置機器設備，U字型逆時針方向傳送在製品。
- 入口及出口要在U字型的同一端。
- 作業人員安排在二字型內部工作。
- 支流的入口要靠近主流的入口。

(6) **步驟六**：分配每位作業員的人工時間，約略同於產距時間。

(7) **步驟七**：試行生產，繼續做作業動作改善，以減少人工時間及人數。

5.4　二字型布置的優點

筆者在現場輔導，進行改善改革時，經常看到千奇百怪的生產線布置方式。每家工廠都各有其考量和背景，才會衍生這麼多不同形狀的布置。對筆者而言，不論何種產業、何種產品類別，以及工序的多寡，原則上都須優先考慮二字型布置。二字型布置的優點如下：

(1) 有利於節省廠房空間。

(2) 有利於分配安排作業人員的工作範圍，減少人力，提高生產線平衡效率。

(3) 有利於作業人員相互支援協助，提高產量。

(4) 有利於水蜘蛛（Water Spider）供料動線安排，減少供料時間。

(5) 有利於換線，減少換線時間，增加產量。

(6) 有利於發掘問題及管理工作。

(7) 有利於維修工作進行，減少維修停產時間，增加產量。
(8) 有利於工作環境的安全，減少工傷。
(9) 有利於支流的出口靠近主流的入口的生產線布置。
(10) 有利於一人多工序操作，少人化生產的安排。

5.5 定員定量制與不定員不定量制生產線

何謂定員定量制生產線？即一條生產線上的作業員人數固定不變，每小時的計畫產量也固定不變，這是生產線配置人數常見的做法。但是這種做法十分僵化，缺乏彈性變化的能力。當訂單需求量降低時，仍然得維持固定人數來生產，甚至生產線作業員缺勤，也會造成生產線的產量大幅減少，進而影響生產進度，延誤交貨期。

不定員不定量制則是指生產需求量有變動時，作業員人數也可以隨比例增減；或是倘若作業員缺勤，人員減少，仍然可以維持生產，只是產量隨比例下降而已。不定員不定量制可對應市場需求量，彈性調整、變化的生產線。作業員人數可隨計畫產量的增減而跟著增減，這樣的做法稱為少人化，因此也可稱為少人化生產線。要建立不定員不定量的少人化生產線，必須有三個條件：

(1)要建立有產品別、垂直式的一個流流線生產線，即真龍線。

(2)機器設備要布置成ㄈ字型，物流為U字型逆時針流動，並將作業員安排在ㄈ字型內部工作。

(3)作業員要有多工序、走動式操作的想法，以及多能工的操作能力。

由此可知，一個流的流線生產線要布置成ㄈ字型的少人化的生產線，才能發揮最大的效果。同時，為了應對市場訂單產品別及數量別的動態變化，也必須具備下列三個方面的配套措施，若缺乏這些措施，即難以實施少人化：

(1)人的方面：要擁有多能工、走動式操作多工序的能力。

(2)機的方面：要符合三少自働化設備的原則。尤其是機器的高度，要能站立操作。

(3)物的方面：要採取一個化的作業，不可批量化。

5.6 單能工、多能工、多序工、互助工

我們應該知道為了少人化，必須要有多能工及多序工的條件才能運作。因此，我們要把在生產現場從事生產活動的作業員的工作方式，分成四種狀況來說明：

1. 單能工

這是最常見的作業方式。一位操作員只會操作一種工序別的機器設備，而不會（也不負責）操作其他的工序機器設備。當其他工序的作業員正忙著生產，卻遇上困難時，縱使其他工序的工人正處於等待之中，也無法或沒有意願前來支援。有時遇上困難的作業員，甚至會拒絕他人的協助。此舉浪費了人員的等待時間，效率也就相對低落。追根究柢，就是傳統機器別、功能別的布置集中大量生產之故。使得作業員無從學習其他的工作技能的機會，也難以支援協助他人。這都是不好的做法。

2. 多能工

多能工指具有多個不同工序的工作技能的作業人員。惟大多數人都沒有正確地應用為什麼要有多能工的目的及需求。他們雖然具有多項工作技能，當下卻也只是在操作一

個工序的作業，也就是單工序操作。管理階層的人員都將多能工視為，若有某一個工序生產速度來不及，或是人員缺勤時，能夠調動有多能工能力的作業人員來支援協助。雖然這樣的調動有些幫助。但是沒有發揮多能工真正的作用及目的，殊為可惜。

3. 多序工

多序工指多工序操作的意思。即指一位作業員當下同時以一個流的方式，進行多個不同的工序的操作。它的目的是要能彈性靈活調整作業員的工作時間，使之與產距時間相符而來，此即少人化的意義。要進行多序工，其前提條件當然是要具備多能工的能力，但是多序工與多能工的能力有些差異。多能工的能力，通常都不是連續工序的工作能力，而是跨越工序的工作能力。因為在傳統機器別、功能別、集中批量的水平式生產線上，每個工序都分離他處，無法進行一個流的作業方式。所以多能工只能做為支援協助他工序人員調動之用。

但是，多序工的目的，是要能夠從事少人化生產線的工作安排，以減少人力、降低庫存。因此多序工的多能工的能力，是以連續工序的工作能力來界定，並做為每一位作業員學習多能工工序的先後順序。具體來說，多序工的多能工培訓，應由受訓作業員現所操作之工序的前後工序，逐次向外擴展學習。

此外，以生產線布置而言，一定要有一個流流線生產的真龍線及二字型生產線布置，才能實現一個流多工序操作少人化的目的。

4. 互助工

互助工指作業員在有等待時間或中間在製品積壓太多時，能夠支援協助其上下工位的作業員的部分工作。以消除人等物等的無駄。所謂協助的工作，是指上下工位作業人員的部分工作，而不是全部工作。所以，其與多能工的學習內涵是不同的。互助工通常是以能手工作業的部分做為協助對象。互助工則要求須能以一個流的方式機動協助。因此，唯有使用一個流流線生產的真龍線才能有互相協助的工作環境條件。

5.7 作業改善：動作省時原則

前文提過要先做作業改善再做設備改革，意義在於消除大部分的七大無駄後，才能知道第二代三少自働化設備的生產速度需求，而不是追求愈快愈好的傳統自動化做法。

作業改善的意義是以現有的機器設備、製造技術、作業人員來做改善，因為這是相對花費較少，又能立即立竿見影，獲得巨大成效的方式。作業改善又可分為二個階段來進行。第一階段是先做「線」的改善，就是將傳統機器別、功能別、水平式，沒有「線」之觀念的做法，改善為產品別垂直式一個流流線生產的真龍線。之後，接著進行第二階段的個別工序之「點」的改善，就是消除動作的無駄，以節省作業員的人工時間，進一步減少作業人數。APIS在動作改善方面，有下列十個動作省時原則，亦稱動作經濟原則。

(1) **作業雙手化**：作業雙手化有二個意義，一是工作時，作業員的兩隻手都要能夠工作，不要一隻手抓著產品，只用另一隻手來工作。可設計夾具來夾持產品，使原來抓住產品的手能夠解開，雙手得以同時工作。這也稱為「手離化」。另一個意思是雙手要同步化，即雙手同時動作。例如做好的產品用左手傳遞到下工序的同時，右手拿起上工序做好的產品放進作業點的位置。

(2) **作業順手化**：作業順手化指作業員在拿起產品或材料時，作業者的雙手或手指，不要有任何交叉、轉向、反轉的動作發生。而是一拿到物件，即是可以工作的狀態。這必須配合物料整列化才能達成。

(3) **工具懸吊化**：工具懸吊化指工作時使用的工具都要懸掛在作業員的正前方，且方向要預先對準工作的方向，順手化，以方便取放。此舉可以減少尋找工具及轉向的時間。

(4) **工具道具化**：工具是指從市面上買到的現成的器具。道具是指為專門工作，而自己製作或改造的器具。使用道具可以減少工具的種類及數量，減少更換工具的次數，節省時間，提高工作效率。

(5) **治具固定化**：治具是指用來固定或是定位產品在作業點或是加工點的器具。通常治具是可以隨時更換的，所以常常看到將治具放在工作檯面上的情形，造成工作時治具移動，使作業不穩定而多花費工作時間。所以，要將治具固定妥當，以節省工作時間。

(6) **物料正前化**：物料要擺放在作業者的正前方，不要放置在左右兩側，造成作業員不必要的轉身及彎腰動作，浪費時間又容易疲勞。

(7) **物料近身化**：物料要置放於斜坡式的料盒中，使之能利用重力滑落。此外，要愈靠近作業點愈佳，以減少手移動的距離和時間。

(8) **物料整列化**：物料要整齊排列，方向一致，減少找尋方向的無穩時間。

(9) **料盒正窄化**：置放物料的料盒要設計成，面向作業員的正面要窄，縱深可以長，使作業員正前方可以放置更多種不同的物料。

(10) **料盒雙盒化**：同一種物料要有兩盒放在作業員的正前方。一盒在前方，稱為A位，是正在使用中的物料。另一盒在A位的後方，稱為B位，是備用中。當前方A盒用完時，則將A盒拿開，再將原來的B盒移至A位，形成使用中的A盒。而原本的A空盒就放在B位。水蜘蛛看到B位的空盒，即知要再補充新的一個備用的B盒材料，確保作業員不會因缺料而產生等待時間及產量的損失。

5.8　一個流流線生產的境界水平

一個流生產的真龍線的建立過程中，可以曝露出許多過去我們所看不到的潛在問題，也就是七大無駄工作。透過消除這些問題，讓我們有更多機會，增加企業的獲利能力及競爭力。近十年左右，衍生自豐田生產方式的一個流流線生產方式，歐美國家另取名為精實生產或稱精益生產，開始引起世界上各地的企業的重視，掀起學習、實施的風潮。但是，這些學習大多是由歐美國家的外文書籍而來，這些內容過度著重於理論上的說明；又由於文化差異，透過二次翻譯理解原為日文之豐田生產方式的意義及目的，又可能產生理解上的偏差。所以，就常常見到同一個名詞，各人各家的解說、理解、做法都不一樣，使得實施的成效大打折扣，甚至比原來的方式效率更差，而放棄了改善的機會，殊為可惜。

而其中最容易為人所誤解的，就是一個流流線生產方式。筆者有次受邀前去一家公司，向高層經營管理者介紹一個流生產的多方面巨大的效果。這位管理者當下立即回應道：「一個流生產方式，我們已經在實施進行了。但是，沒有像你說的有多方面的巨大效果。生產量反而降低三十%，人員效率也降低三〇%，生產交期比以前更長了。」筆者回應說：「我所指導過的公司，都只有產量增加，而沒有減少的情況。我還沒有看到你們實際的生產情形，不知你們的原因何在？必須到生產現場實際了解，才能知道原因在哪。」

之後，筆者來到生產現場，看到生產線的布置是採用直線型，而不是二字型。又看到有些作業員已經完成了在製品，卻還是拿在手上不傳送至下工序，而是坐等下工序的作業員完成工作，雙手空出來後，才將產品傳送至下工序。作業員與作業員之間沒有在製品產品的存量存在，空空如也。此舉會產生人員等待時間的無駄，造成產量不增反減。筆者當下非常驚訝，為何有這樣的一個流生產方式？許多作業者都有經常性等待的時間損失，造成產量降低、人員效率低落、交期更長。

筆者詢問這位高層管理者：「你沒有看到這麼多的作業員，都在等待嗎？這就是效果反而不好的原因。是誰告訴你這麼做的？」管理者答道：「我們的一位外國顧問教我們的。他告訴我們，正確的一個流就是每一位作業員，只能有一個在製中的產品在手上，作業員之間不可以有任何一個在製品在等待。」筆者終於明白了，原來是誤解了一個流的定義。

於是，筆者向管理者說明道：「那是指最完美境界水平的一個流。你們的生產線上表面上是沒有中間的在製品存在，但是有人員的等待。所以才會成效不佳。」隨後又說：「作業員之間沒有在製品的存在，是一個流最完美的境界水平，但是這必須有個前提，就是作業員也不可以有等待的情形發生。如果中間有在製品存在，只是表示還沒有達到百分之百完美而已，它也是一個流生產方式。因為一個流的定義是在每一工序，每次拿起一個產品、加工一個產品、檢查一個產品、傳送一個產品到下工序。它可沒有定義工序之間沒有在製品的存在才是一個流啊！」

類似的情況也發生在許多公司內，他們以為都已經滿足了一個流的定義，認為其生產方式已經做到位了，因而停止繼續改善下去的認知。事實上，仍然有許多可以改善的空間存在，只要能朝百分之百完美的一個流生產方式努力，就可以發掘出這些改善機會。是故，了解一個流的境界水平，將有助企業追求最完美的生產方式。下表為一個流生產方式的境界水平。

境界	完美度	作業方式	狀態	工序間在製品數量	人員等待
境界 0	0%	批量流作業	停滯流搬運在製品	>100	有
境界 1	20%	一個流作業	連結流傳送在製品	<100	有
境界 2	40%	一個流作業	連續流傳送在製品	<9	無
境界 3	60%	一個流作業	連續流傳送在製品	>3	無
境界 4	80%	一個流作業	連續流傳送在製品	<3	無
境界 5	100%	一個流作業	連續流傳送在製品	=0	無

第六章　生產計畫的改革：滾動十三週生產計畫

常見傳統做法：集結化、大批量少回化、提前化、計畫後行、月別計畫

APIS 創新做法：平準化、小批量多回化、同步化、計畫先行、週別計畫

6.1　支援管理部門改善、改革的重要性

生產工廠要提升競爭力，除改善整體 QDC，以及進行生產現場的改革，包括建立多條真龍小線、麻雀工廠等外在的硬體面外，也要注重內在的軟體面，即支援管理部門制度方面的改革，或稱為「文治」面的改革。

企業中眾多的支援管理部門，也都必須改革，不可依循數十年來一成不變的管理制度。因為支援管理部門的主要目標，是充分支援在生產現場的生產部門，使生產線能夠順利完成生產，協助公司達成整體的 QDC 目標。

然而，筆者往往會發現，由於支援管理部門的協助不周，造成企業競爭力的三大 KPI 不理想，無法達標，各部門因而爭執不下；類似的問題卻又在不久後重複發生。

原因為何？因為多數支援管理部門的制度體系，數十年來幾乎都沒有改變，至多電腦化，但是管理體系及流程還是沒有改變，當然成效有限。更何況多數的工廠在進行改善改革時，咸認為這是生產部門的工作，與支援管理部門無關，無須參與改善改革工作。這種現象，在筆者輔導的工廠中十分常見，甚至連最高階層的經營者，也是如此想法。除未認知到支援管理部門也有改善改革的空間外，另一個原因是，不知道有什麼方法可以進行支援管理部門的改善改革。

其實，支援管理部門的改善改革，能夠大幅降低固定管理成本，有助於生產線生產的穩定，並消除七大無駄，提升ＱＤＣ競爭力。事實上，每個支援管理部門都有改善、改革的空間與機會，其中尤以生產計畫部門的改變至為重要，須優先進行。生產計畫部門的改革，將對生產線的運作產生重大影響，使生產效率提升，也會為其他支援管理部門帶來改革機會，例如業務部門、採購部門、人力資源部門、品管部門、資材支援管理部門、財務部門、模具支援管理部門、須提前加工的生產單位，以及外發的外包廠商等皆是。如此不僅有助於生產線，也有助於其他支援管理部門的改善改革。

換言之，生產計畫部門是改善、改革之首，沒有生產計畫體系的改革，其他部門的改善、改革空間，也就十分有限了。

6.2 生產線缺料的原因

筆者在工廠現場輔導時，經常看到「人等」的現象，也就是生產線的作業員處在等待中，沒有在工作，因而造成整條線的產量低落，只能達到設計的目標產量的五十％。然而，上層管理者往往只看資料結果，認為這是因作業員的工作效率低落所造成，遂要求下層管理者加強管理。只是不管如何加強管理，「人等」的現象還是繼續發生，一點效果都沒有。

某次輔導，筆者看到生產線上有「人等」的現象發生，而第一線的基層管理者卻沒有動作，就詢問道：「為什麼作業員在等待？」管理者答道：「缺料。」

在筆者的認知中，「缺料」就是倉庫缺少材料，這是採購部門或是材料供應商的問題，而非現場管理者可以解決，也不是其責任範圍中須解決的。可是，後來卻仍經常看到「人等」的現象，詢問後，也都得到「缺料」的答案。筆者心中十分納悶，為何倉庫缺少此材料的狀況如此頻繁？遂追問究竟是缺什麼料？管理者又回答：「因為外發給外包商的部件還沒有回廠，或是廠內前工序要完成的部件還沒有完成送過來，所以才『缺料』了。」

這時筆者才恍然大悟，原來的所謂「缺料」，並不是缺乏材料，而是缺乏部件。往後為避免混淆不清，筆者就將一般人所說的「缺料」定義為「材料倉庫缺乏該材料，使生產線停工等待」。而前工序或外包商的加工部件不及供應或回廠，導致生產線停工等待的狀況，筆者則稱之為「缺部件」，簡稱「缺件」。

為什麼要如此區別呢？因為「缺料」是因材料供應商延誤交期、品質有問題，或是數量短少所造成，必須歸責於內部業務部門、採購部門、倉儲支援管理部門，其解決的方法也與「缺件」不同。

以筆者的經驗來說，生產線所說的缺料，有九十%是指缺件，只有十%是真正的缺料。所以，要解決生產線口中的「缺料」問題，必須了解其真因，才能做出正確對策。

6.3 缺件而停止生產的原因

缺件是公司內部的問題，其主因在於「離島工序」。一般工廠的主要工序，約可分為三大順序——鑄造、加工、裝配。裝配是最後一個段落，完成後即為成品，可以出貨給客戶。因此，裝配所需的零件、部件、組件等，都必須提前生產，在進入該工序前完成，以供使用。若零件、部件、組件短缺，裝配線就會因缺件而停產。鑄造線也是同樣的情形。

而這些在加工之前就必須完成之部件的工序，就稱為「離島工序」，必須離開主線，在分離區域中提前大批量集中生產，無法與主線工序同步進行。離島工序愈多、加工批量愈大，就愈容易產生缺件的情況，生產線就得等待而停止生產了。

再進一步探討，為什麼有那麼多的離島工序存在？這是由於傳統機器別、功能別、水平式集中大批量的生產搬運所致。由於每一工序均為分離，管理者傾向將同一類別的產品集結，形成大批量生產，以減少切換次數，認為這麼做生產效率較高。又因前工序必須早於後工序的需求完成，造成某些產品生產進度超前。但產能是固定的，若部分產品進度超前，就會使某些產品的進度落後，就是後工序所以缺件的原因。

此即所謂的「生產本位主義」，未考慮後工序，也就是內部「客戶」需求的「市場需求主義」，認為集中大批量生產，可充分使用，並提高高速度、大產能、高成本機器的效率。只見小利、未見大弊，見樹不見林，注重設備的效率遠超過人員的效率，卻不明白它會造成的重大損失。

總而言之，缺件的主要是因水平式布置及集中批量生產水平式管理所致。要解決缺件，最佳方式是採用產品別、垂直式布置的一個流生產真龍線，以及垂直式的管理方式，並同時考慮生產計畫的體系變革，即導入「滾動十三週生產計畫」。在介紹這個革命性的生產計畫體系之前，首先來了解一般常見的生產計畫體系及其做法。

6.4 一般的生產計畫體系及其做法

生產計畫的主要功能，是安排何種產品，生產數量多寡，由何單位生產，何時開始、何時完成生產，以達到客戶所要求的交期。同時，也須考慮材料庫存狀況、生產設備產能、作業人員的充分應用，做出最有效率的生產安排。生產計畫部門可說是工廠的中樞指揮中心，就像大腦指揮人體的行動一般。所以，理想的生產計畫體系，要有「計畫先行」的觀念和做法。

所謂「計畫先行」是指生產計畫部門須依照客戶的交貨日期排序，決定何時生產何物、所需何量的生產計畫。接著再由其他支援管理部門，或是須提前生產的離島工序，依此計畫的生產順序工作，例如採購部門購入材料、人力資源部門檢討或招募、生產單位掌控離島工序的生產進度、模具需求數量的檢討及製作、業務部門答覆客戶交期等。

然而，筆者在大多數的公司內所看到的情形，卻是生產計畫部門並未扮演中樞指揮的主角，反而成為其他部門的配角，產生「計畫後行」的情況。

「計畫後行」常見的做法，是業務接到訂單後，通知採購購買材料，並告知材料交期，同時詢問生產計畫部門何時可以完成生產，再由生產計畫部門與生產單位討論何時可以完成。待這些訊息完整蒐集，已是三天後，此時業務部才能答覆客戶交期。生產計畫部門就以預計的材料交期，以及生產單位所回覆的生產期間，以月別計畫方式，每月一次安排各前後離島工序的每日排程計畫表，發至各離島工序的生產單位，其後再由生產單位依照計畫領取材料生產。

理論上，這麼做應是有規律的，沒有問題才對，事實上卻不盡然，正應了俗話所說的「人算不如天算，計畫趕不上變化」。工廠內到處存在不可預料及避免的變化，例如材料交期延誤、數量短少、品質不良、生產單位機器故障、模具不夠、人員請假、提前生產的離島工序未能如期完成部件生產等，使後工序因缺件等待，而造成進度延誤及生產損失。由於缺料、缺件，生產單位的管理者便忙著採取緊急應變措施，調整生產計畫，尋找可以生產類別的材料及部件等救火工作。結果無法依照原定計畫順序生產，有計畫等於沒有計畫。管理者一天到晚忙著救火，怎會有時間進行事前預防火災發生的改善工作呢？這種情況每天重複上演，在傳統機器別、水平式、集中大量生產的離島工序中，這幾乎是無解的問題，少有人能明白這種現象與生產計畫體系的做法，有著密切的關連。要徹底從根源解決這種現象，就要依照APIS生產改革的兩大核心技術來進行：

◆第一步：將傳統水平式離島工序的布置，改革為垂直式一個流的真龍小線。

◆第二步：在完成真龍小線的建置後，再建立滾動十三週生產計畫體系。

6.5 滾動十三週生產計畫生成背景

滾動十三週生產計畫是一種革命性的生產計畫體系做法。這是筆者總合過去五十年來在生產技術領域學習、工作及輔導的過程中，獨自開發出來的嶄新的生產計畫體系做法。它是以下列思考構築而成的模式：

(1) 接單生產：依據接單產品的類別、數量及交期順序生產。不依據預測提前生產，以等待客戶下單，造成成品庫存的無駄及報廢風險。

(2) 計畫先行：接到客戶的訂單後，先由生產計畫部門決定生產的順序週別，其他管理及生產部門再依此計畫進行該部門的工作。例如答覆客戶交期、採購材料、人員招募、模具制作、機器購買、生產線別布置等。

(3) 週別計畫：所謂週別計畫體系，係指每週更新一次生產計畫資料的運作模式，以一週的生產產能，分割成未來十三週每週所需生產之訂單的生產計畫。

(4) 節約資源：考慮如何以最少庫存、最少機器設備投資、最少人力需求，穩定如期、如量、如質出貨給客戶。

6.6 滾動十三週生產計畫的意義

何謂滾動十三週生產計畫

滾動十三週生產計畫體系，顧名思義，是一種週別生產計畫方式。每週更新一次未來十三週的計劃，各週僅能安排一週的產能，不可過多或過少。給予生產線的計畫指示，也只提供次週所須生產的類別及數量。

每週更新計畫時，已結束的一週會由次週遞補，並於最末加入新的一週補充為十三週。即原先十三週中的第一週結束後，會由第二週遞補成為新的第一週，原第十三週則成為第十二週，並於其後加入新的一週成為第十三週，如滾動狀。其名中的「滾動」一詞，便由此而來。

而滾動十三週的意義，在於協助生產計畫部門發揮其做為大腦指揮的功能，扮演工廠生產的指揮官角色，通知各生產單位及支援管理部門，下週內該進行哪些生產資源準備的工作。而支援管理部門，以及須提前生產的離島工序工作，都必須在生產最後一個段落，也就是裝配包裝工序的前一週準備完成，才不會影響工序的生產計畫進度，而延誤交期。

這些提前生產的時間，就是「前置時間」（Lead Time），而每一部門的前置時間，也都互不相同。例如採購材料自下訂至入廠需時八週，則其前置時間，也可稱做交期時間，就為八週。購買機器的前置時間通常為十三週、製作模具為四週，前加工的離島工序為二週等。是故，生產計畫就要做出由本週起算之未來十三週的生產計畫需求，才能勝任指揮的角色。而支援管理部門每週都會收到生產計畫部門所發出之生產支援計畫指示，只須按此做好準備工作即可。這也是「計畫先行」的意義。

月別生產計畫之缺失

這與一般常見的計畫方法，如每月更新一次，每次安排一個月產能的次月生產計畫，即四或五週的月別生產計畫體系不同。這種月別計畫體系的作用只有一種，即通知各生產單位，未來的一個月中，何單位要在何時生產何物、何量，何日須完成，未考慮材料是否已有足量在庫，只依據供應商的預期交期安排生產計畫。除此之外，便無其他作用，餘下之事就交由生產單位自行處理，例如從材料倉庫領取材料、前往離島工序拿取前工序完成的部件、至模具倉庫領取模具工具等。

這樣的生產計畫，與客戶下單的心態無二，其唯一要求，就是公司須於何時產出何物，而不理會其產能及材料是否有問題存在，認為這是公司必須自行處理的事項，與其無關。因此，常會出現當生產單位前往倉庫領取材料，卻因供應商交貨問題而無法領取，或是在前一離島工序拿不到部件的情況。此時，管理者就必須立即採取緊急應變措施，以避免生產線停止生產。此外，由於不同客戶下單的日期及頻率也都不甚固定，有時候客戶晚下單卻要求早出貨，產生「急單」，為滿足其要求，就必須更改原來的月別生產計畫，調整安排急單的生產，此即「插單」，有計畫等於沒計畫。

少回多量與多回少量

筆者在工廠裡，經常聽到生產線管理者抱怨生產計畫更改頻繁，影響效率及進度；生產計畫部門則怪罪客戶時常插單。但問題其實出在月別生產計畫體系，僅每月調整一次，自然無法快速反映客戶需求，當然也無法對日日變化的市場做出回應，此即「少回大量」才好的傳統觀念所致。

所謂「少回大量」的做法，是將一個月中所須生產的不同訂單中，相同類別的產品集中為大批量，一次性完成生產，再接著生產下一類別的產品——也就是每種類別的產品，一個月僅生產一回。管理者認為此舉可減少換線、換模次數，生產效率較高。然而，這種「少回大量」生產的觀念，反而弊大於利，其不利之處包括庫存增加、交期變長或延誤、產生無駄、加重管理工作負荷等。

滾動十三週生產計畫則是「多回少量」的生產觀念，以週為單位，將一週內不同訂單的相同類別產品集中為較小批量，一次性生產完成後，再生產下一類別產品。所以，一個月內同一類別的產品會重複生產四回，故稱為「多回少量」。此外，生產計畫每週更新一次，凡是在本週所接訂單，都將在下週安排新的生產計畫時才列入考量；換句話說，已發給生產單位的週別生產指示，均不予變更，因而不會產生所謂的急單，也不會有插單。週別生產計畫也能快速反映客戶的需求變化，同時縮短交期、準時出貨、減少庫存，並消除無駄。

6.7 滾動十三週生產計畫的做法

在進行滾動十三週生產計畫之前，必須先了解它的四個階層。

◆ **第一階層：滾動十三週成品生產出貨計畫表**

用來計畫裝配線裝配至包裝成品的生產順序表及出貨的計畫表。有了第一階層的計畫表才能往下展開到第二階層的計畫表。

◆**第二階層：滾動十三週前加工生產計畫表**

任何需要提前生產之離島工序的每一個部件及組件，都必須依據第一階層的成品出貨生產計畫表，往下展開該部件的未來十三週部件加工生產計畫表。再依據第二階層的計畫表往下開展為第三階層的生產資源計畫表。

◆**第三階層：滾動十三週生產資源需求計畫表**

依據第一階層及第二階層，就可以往下開展第三階層的滾動十三週生產資源計畫表，包括各種類別的材料需求、生產線別、主要機器設備別、模具刀具別及人力需求別等。

◆**第四階層：裝配每日生產指示表**

裝配線不會依據一週發出一次的每週生產計畫，而是按照每日生產指示生產，即今日只發出明日的生產排程，指示裝配線該生產何物、何量。而且，生產計畫部門要確保所有裝配成品所需材料、零件、組件都齊料後，才可發出每日生產指示，以免發生缺料、缺件而停產的損失，甚至延誤交期；也讓現場管理者不必忙於採取緊急應變措施，使生產線能安定生產。

至於滾動十三週生產計畫的步驟，則進行如下。

(1)步驟一：每週定期一回，將該週內所接的訂單，以及尚未投入裝配生產線的訂單，依照訂單交貨日期的先後排序。

(2)步驟二：依據工廠一週的產能，將上述的訂單分割為十三個週次別。

(3)步驟三：依照上述的十三個週次別，檢討訂單交期有否延誤，若有延誤交期的訂單，則檢討是否有可以調整訂單排序的機會。若是無法調整，則再決定當週產能是否有增加的機會。但若增加後仍不足，則再尋求與客戶協商調整交期的可能性。如此，便完成第一階的滾動十三週成品生產出貨計畫表。

(4)步驟四：第一階完成後就可以依據滾動十三週成品生產出貨計畫表，針對第二階層中，須提前生產的各加工部件，展開不同的滾動十三週前加工生產計畫表。

(5)步驟五：根據前二階層的滾動十三週計畫表，就可開展第三階層之各項生產資源需求的滾動十三週生產資源需求計畫表，例如材料、生產線別、機器設備、模具、人力資源等。

(6)步驟六：生產計畫部門依據上述三個階層的生產計畫表，以及各生產加工部件與材料之前置週數的週次，發出當週所需之部件或資源的一週生產指示給負責的部門。例如某個部件加工的前置週數為二週，則於第二週次發出每週部件加工的生產指示。若某個材料的前置週數為八週，且在第八週次時，該材料存量不足，就要發出該項材料的採購需求。

(7)步驟七：各個生產部門及支援管理部門，均依照每週需求指示，在一週內完成工作。若有超前或落後的情事，則必須盡速回報生產計畫部門，做為調整修正次週的滾動十三週計畫之用。

(8)步驟八：第四階層的裝配線生產指示，不依據每週，而是每日生產指示生產。裝配線工作欲順利進行，則須備齊裝配及包裝所需的材料、零件、部件及組件。因此，生產計畫部門要確認所有物件都到齊後，才能發出明日的每日裝配生產指示，確保生產順利。不可尚未確定齊料，就按齊料的預計日期發出生產指示。這麼做，有時會因材料、零件、部件或組件，在預定日期尚未到達裝配線，而導致停止生產，並引發沒有必要的應急調配工作和交貨日期的延誤。

6.8 滾動十三週生產計畫的作用

基於上述基礎所建立的生產計畫體系，無論是生產部門或是支援管理部門，都能產生許多革命性的改變，使生產工作容易做，管理工作更輕鬆。其效用如下：

(1) 快速答交：業務部門可在一小時內答覆客戶確切交期，利於爭取訂單。

(2) 縮短交期：除多條真龍小線縮短交期的功用之外，也可進一步減少缺料、缺件所造成的停產損失，以及交期延誤的現象，對縮短總體生產交期有加乘效果。生產交期要短於客戶的要求交期，才能實現接單後才投產，也來得及出貨給客戶的目標。而縮短交期，也成為接單生產的關鍵。

(3) 料少不缺：料少不缺係指庫存數量少，卻不會因缺料而停產，也不會造成客戶因交期延誤而缺貨。生產中的在製品，也因順序生產，而使離島工序間可以最少存量進行加工，不會使下工序缺件而等待。

(4) 消除無駄：接單後生產，成品均為客戶的需求產品，且按交期先後順序生產，即無過量、過早生產，而導致庫存無駄的產生。材料庫存方面亦同，採購材料的類別及數量，也是依照順序週別及供應商的交期進行採購，不會有過早下單，造成材料庫存過多的無駄；同時也不會有太遲下單，導致材料缺乏而停止生產的現象。

(5)平穩生產：平穩生產亦稱平準生產，其主要目的是維持生產線的人員、機器、材料、模具等的穩定需求，不要有生產的大幅度波動。例如有時訂單量太多，生產線產能不足、人力不足、材料供應不及；有時訂單較少，則造成人員等待、機器閒置的損失。透過週別生產計畫，可穩定每週的人力及產能，在不影響交期的情況下，做出適當的訂單生產順序調整，以使生產穩定化。

(6)資源準備：事前檢討並決定資源的準備。例如何週須加班、何週須外發、何週須招募人力、何週該製作何種模具、何週該購買機器設備、何週該換線、何週該下採購訂單，以及提前生產的離島工序，下一週該生產何物、何量。如此不但可避免生產資源短缺，也可解消過度使用生產資源而造成的無駄，進而達到節約資源效果。

(7)簡化管理：以接單生產、計畫先行、節約資源等思考層面，所建立的革命性體系。此體系可幫助支援管理部門準備事前防火工作，以減少事後緊急應變的救火工作。同時，工作流程的作業方法簡化，作業時間縮短，也可減少管理工作的負荷及人力。例如生產計畫部門以往要花一週的時間安排，並時常更新計畫；在導入滾動十三週生產計畫後，僅花費一天便可完成整週各生產線之工作，以及提前生產之離島工序的週別生產計畫。計畫每週更新一次即可。

(8) 品質提升：滾動十三週生產計畫與品質的關聯性，在於材料庫存，以及中間在製品的管控，可減少潛在不良品的發生率。因為材料都是依訂單出貨順序購入，沒有過早入廠及過量購入的多餘庫存，保存時間不長，可降低因材料變質而使產品劣化為不良的機率。生產中的在製品亦同，提前生產的離島工序，其中間在製品，也會管控在一定的數量下，並依照順序先進先出，無形中也減少了潛在的不良情況，提升品質水準。

(9) 降低成本：綜合上述作用，不但可以減少生產線缺料、缺件的停產和成本損失，更可減少支援管理部門的管理人力，降低固定管理成本，強化企業的競爭力。

第七章　庫存管理的改革：及時生產與後拉式看板生產

常見傳統做法：庫存是必要的惡物、前推式、控管式、安全庫存

APIS創新做法：庫存是萬惡的源頭、後拉式、自律式、危險庫存

7.1　降低庫存的源頭：及時生產

自豐田生產方式發布，至開始使用精實生產／精益生產的十多年裡，企業界都是以及時生產方式或是看板生產方式，做為豐田生產方式的同義詞。甚至，有些企業還將這兩個不同的名詞視為兩種不同的管理方式。事實上，這兩個名詞互為表裡。

及時生產的英文縮寫為「JIT」，即「Just In Time」，中文意為「及時」，遂以及時生產稱呼之。然而，許多企業卻將之解讀為必須要求材料供應商及時交貨給工廠並生產，以趕上客戶交期的管理方式；而看板生產方式，則解讀為利用數字顯示板管理生產線的實際產量，確認是否超前或落後於計畫產量。這又是「差之毫釐，繆以千里」了。這並非及時生產及看板生產的原義，以及其存在的原因。

及時生產方式與自働化，被稱為豐田生產方式的二大支柱，以達其徹底消除無駄，創造更多利潤的目的。及時生產，常被定義為在必要期間，生產必要產品的必要數量。然而，這樣的說法，卻仍使人不易理解其真意及目的所在。筆者以較為淺白的說法說明之：在接到客戶的確認訂單後，才依據訂單上所訂購的產品、訂購的數量及交期時間先後順序生產，並且要準時、準量、準質出貨。此即前文所提過的「接單生產」，也是滾動十三週計畫的建構基礎觀念。不要過量或過早生產。過量指生產數量比訂單上所需數量多，過早則指尚未接到客戶下確定的訂單之前，就依據預測先行生產，而將成品放在倉庫中等待。過量及過早生產是七大無駄中最大的無駄，會引發被稱做萬惡之源的庫存無駄。換句話說，掌握及時生產的觀念，就能降低庫存的必要性，並引導後續可能出現的更多改善及改革方向，也就是降低庫存的源頭。

7.2 基礎觀念：後拉式生產

為理解何謂上文「在必要期間，生產必要產品的必要數量」之意義，在此以「接單生產」，也就是「後拉式生產」來舉例說明，並解釋其降低成品庫存的最終目的。「接單生產」只是為說明方便說明而援引的名詞，為怕讀者誤解，以為此名詞只限定適用於公司的外界客戶，故以下將以正式觀念名詞「後拉式生產」進一步說明其意義。

接單生產僅是提出理想方向，實現的基礎則建立在後拉式生產的觀念上。所謂後拉式生產，是指「當後工序有需要時，至前工序領取所需物品。前工序則依被後工序取走之物品及數量補充生產」，因此也被稱為後補充生產方式（Replenish Production），或「超市生產方式」（Supermarket Production），因後補充生產的觀念，乃是由觀察超級市場的運作過程中所得到的靈感，並將之應用於生產領域而來。

超級市場空間有限，貨架上的每一種產品類別陳列數量愈少愈好，以便放置更多不同的產品，利於銷售，但又不能缺貨使消費者買不到所需物品，所以通常超市內還會有一個小倉庫的存量，當貨架上的物品沒有了，可以立即從小倉庫補充。當消費者有需求時，就到超市拿取所需產品、需要的數量。當貨架上的產品的數量沒有了，就去超市內的小倉庫拿取必要產品、必要數量補充到貨架上。而小倉庫沒有庫存時，就由地區性的倉庫補充，如此可確保貨架上的產品的量最少化，又不會有缺貨的狀況發生。

對超市貨架而言，終端消費者，也就是終端客戶，是為其後工序；相對而言，貨架則是消費者的前工序。同時，貨架對小倉庫而言，是其後工序，也可稱為內部客戶；而小倉庫又是貨架的前工序。同理，小倉庫是地區性倉庫的後工序，亦即其內部客戶，而地區性倉庫是小倉庫的前工序。

引用「後拉式生產」的意義，就可以運用到整體的庫存的管控及降低之用。換句話說，材料倉庫的材料庫存量及生產線上的中間在製品的存量，都是可以依據後拉式生產，也就是及時生產的原則來運作。

7.3 常見的傳統前推式生產模式

有些人可能會認為，接單後才依訂單產品類別及數量生產，沒有過量及過早生產的問題，就能夠算是後拉式生產。此觀念並不完整，如此只有成品部分為後拉式做法，而未考慮材料倉庫的材料及生產線上的中間在製品是否也是同樣做法。要實施完整的後拉式生產，則必須全面於材料、在製品及成品上應用，改變傳統的「前推式生產」模式。多數公司均不了解後拉式生產運作的目的及方法，幾乎都是採用前推式的生產方式。

「前推式生產」與「後拉式生產」是完全相反的觀念及做法，其相異之處，尤其表現於生產線中間在製品存量的管控及管理上。傳統常見的前推式生產，在生產線的指示生產計畫的運作模式，通常是如此運作的。

以週計畫甚至月計畫方式由生產計畫部門每週一次或每月一次，發出給不同的前後工序的離島工序，指示生產的排程。

生產計畫指示雖有安排各個日期應該生產何物何量。但是，由於在生產的過程中，有時會遇到異常狀況發生，例如材料沒來、機器故障、異常不良過多、人員請假等因素影響生產排程進度。更常見的情形是生產單位為了自己單位的利益，喜歡將不同排程日期的同類產品，集中成大批量生產，以減少換模次數，認為這樣可以提高生產效率。

在這樣的思維下，每一個不同的前後工序的離島工序都不能依照原來的生產排程計畫順序生產。造成後工序需要前工序所需要的在製品有缺少的現象。另外一方面，後工序不要的在製品又提前生產了，產生許多不必要的在製品庫存現象。

如此一來，後工序就會缺件停產。為了避免停產損失，管理者就得忙著緊急安排其他可以生產的產品，使得工廠內的每個生產單位都忙著緊急處理異常的狀況，無法按照計畫生產，有計畫等於沒有計畫。不僅降低工廠的整體效率，甚至影響交期。

傳統「前推式生產」，是建立在每個不同的離島工序，都能依照原定計畫生產的前提之上。事實上，這只是理想化，難以實現。生產現場裡到處存在許多不可預料的異常狀況，導致生產難以依照原計畫進行。此外，每當有異常狀況發生時，只會見到不同的部門在爭論誰是誰非，事後不久，又重複發生同樣的異常狀況。沒有從問題的源頭去根除，只想到嚴格管控離島工序的生產進度，以為這樣就能依照計畫生產，結果耗用了更多的人力來管控，效果卻有限。這就是傳統前推式生產的弊病。所以，我們要重新思考運用完全不同的「後拉式生產」才能解決這個困擾。

7.4 兩種後拉式生產的模式

「後拉式生產」的生產指示，只發給最後一段的生產單位，也就是裝配包裝線，在裝配包裝線之前的所有離島前工序不發，其他的離島前工序則依照裝配包裝線的需求指示生產補充之。前工序只須保持最大量限制的在製品庫存量即可。此即除了裝配包裝線需要生產計畫部門發出的生產指示外，其他的離島工序均不再需要生產指示，而能夠知道何時要生產何物何量。此即「自律性」，就像人體的自律神經系統一樣。如此一來，前工序也不會有在製品存量過多或過少，造成後工序缺部件而停止生產的情況發生。

「後拉式生產」可以分為兩種模式來運作，如下所述。

1.「麵包店」模式

到麵包店買麵包時，麵包都已經準備好等待客人來購買。店家都會依照過去的經驗，推測不同口味的銷售量，來決定製作的數量。當某種口味銷售一空時，就再依據過去的經驗，由師傅再行拿出麵粉製作麵包，補充銷售。一天結束後，若有剩餘的麵包得要報廢，造成損失。這就是第一種後拉式生產，有麵包成品的限量庫存，也有麵粉材料的限量庫存；但這不是最好的方式。因為銷售未完的麵包成品庫存會造成報廢的損失。

麵包店可以不事先完成麵包成品，等待客人點餐後製作嗎？答案肯定是不可以。因為客人來店購買麵包，通常都是立即挑好，付帳後就離開，不會等三十分鐘麵包出爐後才購買。製作麵包的這三十分鐘，即其生產交期，長於客人所要求的交貨時間。

2.「拉麵店」模式

第二種後拉式生產模式是「拉麵店」模式。與麵包店不同，拉麵店不會事先依據過去的經驗，將煮好的成品放著等待客人來食用，而是在客人點餐之後，才依據訂單所需的類別下麵條材料，煮出客人所點的麵食。所以，拉麵店只有麵條材料的庫存，沒有已經煮好的麵成品庫存，也無烹調完成之多餘餐點賣不出去的報廢問題。為什麼拉麵店可以不用成品庫存呢？因為客人可以接受五分鐘內的等待時間，而煮拉麵的生產交期不會超過五分鐘，因此生產交期比客人期望的交貨時間來得短。

拉麵店是我們所期望的模式，然而傳統機器別、大批量、水平式的生產方式，難以做到縮短交期時間，惟有改變成產品別、一個流、垂直式的真龍線，才能達成縮短生產交期的目標，所以，真龍線是實現及時生產的前提條件。

7.5 後拉式生產的工具：看板生產

及時生產方式即是後拉式生產方式，然而，為什麼又稱為看板生產方式呢？「看板」，是用來實施後拉式生產的工具。「看板」在日文中的意義，可以解釋為一塊板子寫上文字或圖像，用以傳達訊息。廣泛來說，商店的廣告招牌、出口的指示方向牌、公路上的方向指示牌、洗手間的圖像牌等皆屬之。

在後拉式生產中、由於生產計畫只有發布給最後一個工序，即裝配包裝線，而其他的前工序沒有發布。前工序要在何時生產何物何量，是由後工序指示，所以後工序在有需要時，就得去前工序拿取必要數量的必要物品，而前工序則是依照被領取的物品及數量補充生產。是故，後工序與前工序間必須聯繫生產及領料指示，以利作業進行。這種指示在最早期的時候，是以可以重複使用的鐵片或硬紙板，也就是「看板」，來做為溝通的工具。故因此又別名「看板生產方式」。

看板只是「後拉式生產」的工具，不是一種觀念。然而，大多數的公司都對看板生產方式有很大的誤解，以為生產線上顯示生產數量進度的電子顯示器，就是看板生產方式，甚至在生產線的公布欄寫上「生產線看板管理板」標題，而認為自己已經在實施「看板生產」了。事實上，這些生產進度電子顯示板或是公布欄等，都只是普通的目視管裡用看板。但是「看板生產方式」的看板，特指為實施後拉式生產時，所利用為工具的看板。所以，看板有二種類別，一是目視管理用的看板，另外一種是後拉式生產的看板。為了區別這二種不同作用的看板，日文中會採用不同寫法。做為後拉式使用的看板就用日語的平假名「かんばん」來表現；而做為提供訊息、使人能夠一目了然的看板，仍然保持用漢字的「看板」來表達。

7.6 看板生產的類別

看板依其使用的功能，可以分為三元二次的組合，成為八種類別。如下：

(1) 領取看板：又稱取料看板，用來指示後工序有需求時，要到何處的前工序領取何物、何量。

(2) 生產看板：用來指示前工序何時要生產何物、何量。

(3) 循環看板：用於該物料是可以循環重複使用。適用於循環物料。

(4) 一回看板：用於只使用一回後就不能重複循環使用。適用於一回物料。

(5) 普通看板：用於生產的批量較小。同一種物料可有多張看板存在。

(6) 三角看板：用於生產的批量較大，同一種物料只有一張看板存在。

上述的分類，不是排他性的分類。而是組合式的分類，例如這張看板是屬於「普通循環領料看板」。另外一張是「三角一回生產看板」。依此類推總共有八種不同的看板別。

7.7 看板生產的運作方式

由上文所述，可以知道「看板」是應用於兩個分離，不在同一條生產線內連續流動的前後工序之間，控管在製品存量及指示後工序何時去何處領取何物何量，和指示前工序何時生產何物何量的工具。因此，在每一個離島工序都有其加工完成後的在製品置放區，稱之為「超市區」（Supermarket）。必須設定一個最大存量，以防止生產過多或過早。一旦，超市區的存量已經到達最大量時，就必須停止生產。此外，也有加工前的在製品來料置放區，稱之為「料倉區」（Store），同樣設有最大的存量。同理，在達到最大存量時，即不可再到前工序領取物料。

後拉式看板生產的步驟如下。

(1)後工序的來料在製品，在每一個容器內，均需放置一張「領取看板」。前工序的超市區，完成加工的在製品容器內，也均需放置一張「生產看板」。

(2)後工序的生產單位生產時，會拿起一個來料在製品的容器。這時要將容器內的「領取看板」取下，放在生產線上的一個「看板收集盒」內。

(3)專門負責取料的水蜘蛛人員，則定時，例如每半小時或每一小時，到生產線上的看板收集箱，將盒內的「領取看板」全部取出。然後，依照看板上的指示訊息到前工序去取料。

(4)取料的水蜘蛛到達前工序的「超市區」，就要依照領取看板上的指示，將容器內的「生產看板」取下，同時將後工序的「領取看板」放入容器內，再將容器及看板放在搬運台車上，返回後工序的「料倉區」，完成取料的工作。而取下的前工序「生產看板」，則放入前工序的「生產看板」收集盒。

(5) 前工序的生產單位看到「生產看板收集盒」有生產看板時，則依指示生產必要的產品、必要的數量，不可以多做。容器盛滿最大數量後，就將「生產看板」放入容器內，並放置在「超市區」，供後工序取料之用。

7.8 看板生產的使用規則及前提條件

看板的運用方式就仿如人體的自律神經系統，可以自己反應外界環境的變化，離島式的前後工序之間，可以自行溝通，知道何時要生產何物何量，而不用生產計畫部門的額外指示，也不會造成生產過多過早及缺料、缺件，而造成交期的延誤。然而，為了能正確地運用看板生產方式，我們必須要遵守下列的使用規則：

(1) 看板是應用於分離之前後工序間的溝通。若是連續流的一個流流線生產線，或是真龍線，則可以不用看板來溝通。
(2) 每一個物料容器上面都必須附有看板，提供生產上或取料上必要的訊息。
(3) 沒有領取看板的需求，後工序不可以到前工序取料。
(4) 沒有生產看板的需求，前工序不可以生產，也不可以過量生產。

(5)看板要視為有價證券，要妥為管理，不可遺失毀損。

(6)看板的張數，必要時會隨著產品的需求量的變動而增減。為了減少變動的幅度，生產計畫也要改變為能夠實施「多回少量平準化」的生產計畫方式，以使看板張數的變動幅度縮小。

(7)看板張數愈少愈好，同時也須降低看板上的領取及生產批量，以降低庫存量。看板張數減少的最高境界就是不需要看板，也就是要減少離島式前後工序的傳統分離生產方式，實施一個流、一貫化、一體化的真龍線。

第八章　生產批量的改革：多回少量平準化生產

常見傳統做法：批量生產、少回大量、單一的資源穩定化、生產起伏大

APIS創新做法：混流生產、多回少量、人機物資源穩定化、生產起伏小

8.1　平準化的意義及作用

平準化生產是豐田生產方式的建構基礎之一。這個名詞對於沒有接觸過的人來說，可能不太能夠了解其意義及作用。所謂「平準」，是古代政府為穩定物價波動的一種措施。當農產豐收、物價低的時候，政府就多加收購，儲存於倉庫中，待農產欠收、物價上漲時，就低價拋售，藉以穩定物價，降低波動幅度。它也猶如港口的防波堤，阻擋堤外起伏很大的波浪，使堤內波動減少，才能有利於港內作業工作的穩定進行。

平準化生產則是將平準的觀念應用生產的領域上，其主要作用是使生產上所需要的三大生產資源──人力、機器、材料，保持在一個穩定需求的狀況，以免造成生產上的

困擾。例如客戶下訂單的產品類別及數量波動大，有淡旺季之分。旺季時，就算加班也不及生產；淡季時，因訂單少，生產線上產能無法全開，而有等待的損失。機器設備產能也有類似情形，有時產能不足，有時卻閒置不動。材料也是如此，有時供應商因為需求量太大無法及時供料，有時候卻是訂單量卻很少，造成「後拉式生產」難以順利實施。要實施後拉式看板生產的前提條件，就是要先實現平準化生產。

平準化生產的具體意義包括兩個含義——每天生產數量的平均化及每天生產的產品類別分布的標準化。

8.2 內部平準化生產

通常與工廠談到平準化時，其第一個反應往往是客戶下訂單時沒有平準化，我們又怎麼能夠做好平準化生產呢？這是因為不理解平準化生產的具體內涵所致。嚴格來說，筆者還沒有看到有任何一家公司，其客戶是以平準化方式下訂單的，一般都有淡旺季之分。其所下的訂單，產品類別及數量都是變動的。

平準化可以進一步區分為內部平準化及外部平準化。這兩種平準化都是公司內部可以自己做到的事，與客戶的下單有無平準無關。換句話說，不管客戶下訂單的產品類別及數量再如何變化，都可以進行平準化。何謂內部平準化及外部平準化？下文將先介紹內部平準化，之後再介紹外部平準化。

要如何進行呢？主要的觀念是要透過「多回少量」生產方式來達成。多回少量是指產品的種類不多，但是同一產品的批量不以一次性將它做完，而是分成多回完成。這與「多樣少量」的生產方式完全不一樣。「多樣少量」指產品的類別很多，每個類別的訂單量較少，且在生產時是一次性地生產完成，不分成少量的多回性生產。為詳細說明多回少量平準化的具體意義及做法，我們用下面的例子來解釋。

假設有一客戶下單非常穩定，每週下單一次，包含產品A九百個、產品B六百個、產品C三百個，並採取三個A、二個B、一個C為一套的混合包裝方式，完成一套混裝成品後就可以出貨。工廠內只有一條生產線，不論是產品A、B或C，其產能均為每日三百個，一天工作時間為四百五十分鐘，一週有六個工作天。此外，每生產一個產品A，就須使用某X零件二個，每生產一個產品B則需同樣的X零件五個，每生產一個產品C，則需要X零件九個。生產產品A時，需二十位操作員，產品B需十位操作員，產品C則需四十位操作員。

然而，每週均相同的產品類別及數量，雖然非常平準化，但生產排程若不佳，仍然會造成生產資源需求的大幅度波動。

8.3 生產排程的四大類別及其利弊

基本上，上述的情形可分為四種不同的生產排程計畫——批量生產排程、平均生產排程、平準生產排程，以及混流生產排程。以下將詳細介紹各種排程的利弊。

1. 批量生產排程

批量生產排程是最常見的生產排程，就是連續性地安排週一至週三生產產品Ａ，一次將九百個需求量做完；接著安排週三及週四生產產品Ｂ，一次完成六百個需求量；最後，再於週六生產產品Ｃ，一次完成三百個需求量。這樣的方法，就是各種不同產品，每週僅生產一次，每次均將整個批量生產完畢。這是傳統觀念作祟，認為如此可以減少切換產品次數，每週只要切換三次即可，可以減少切換時間的停產損失。

這麼做的唯一好處，只有減少切換次數，但是不利之處卻很多，如交期時間過長。以前例而言，最早可以出貨的時間為週六上午，卻累積了五天，共一千五百個成品庫存。

材料零件X的需求，在一週內有大幅度的波動——週一至週三，每天各需要六百個，週三及週四每天各需要一千五百個，週六則需要二千七百個。最高與最低之間的變動幅度為二千一百個。操作人員的需求也有所波動。週一至週三每天需要二十位，週三及週四每天需要十位，週六需要四十位。波動幅度為三十位。這就是所謂生產資源需求波動幅度大，會造成生產上的困擾，以及公司整體利益的損失。

雖然，我們很幸運能有一個公司外部的客戶給我們這麼好的平準化的訂單，但是，由於我們不知道要做內部的平準化，也同樣會造成生產資源需求波動的問題，以及出貨交期的延長。所以，要充分發揮平準化生產的功能作用，就要先從內部的平準化做起。

以下分成三個階段，即以平均生產排程及平準生產排程，逐步達成平準化生產的最佳境界，即混流生產排程。

2. 平均生產排程

平均生產排程是週一至週六，每天安排生產一百五十個產品A、一百個產品B，以及五十個產品C，如此一來，一週內要切換十八次，這是不利之處。如將一種產品的批量分成六回完成，也就是每週生產六回，每回批量減少，即多回少量，其有利之處是出貨交期比批量生產排程快速許多，週一下午即可出貨。而等待配套的成品庫存降為二百五十個，零件X的需求量每日均為一千二百五十個，穩定無變動。二十位作業人員每天平均可生產五十套成品，人力需求也十分平穩。

然而，若因上述零件X的需求平穩，就認為平均生產排程已達成平準化生產目標，這是不夠的，因為仔細解析每日的各別時段，可以發現仍有波動的情形。生產產品A的第一個時段，在三・七五小時中，每小時需要八十個X零件；生產產品B的第二個時段，在二・五小時中，每小時需要二百個X零件；生產產品C的第三個時段，在一・二五小時中，每小時需要三百六十個X零件。上述仍存在著波動，只是幅度較小，為二百八十個。因此，必須進一步改良為平準生產排程。

3. 平準生產排程

如果將前述平均每日生產產品A一百五十個、產品B一百個、產品C五十個之條件，再進一步多回化，每回生產產品A七十五個、產品B五十個、產品C二十五個，則一天內可有二回的重複生產。當然產品的切換次數，也會加倍為每週三十六次。但是交貨時間可以更短，等待配套的成品庫存也會更少。這種一日多回少量的生產安排方式，就稱為平準生產。

以此例來說，若安排一日二回、五回、十回、二十五回，最多五十回，都可視為平準生產排程的方式。惟次數最多的一日五十回，每回生產產品A三個、產品B二個、產品C一個，這種生產方式有一個特別的別稱，叫做「壽司化生產排程」。

回數愈多，切換次數當然也就愈多，但是等待配套成品相對也會愈少，交期更快，在週一上午即可出貨第一套。同時，零件X需求的波動幅度也會愈小，人員需求也更趨穩定，最終將可達至混流生產排程的境界。

4. 混流生產排程

混流生產排程是平準化生產的最高境界。也是切換次數最多，出貨交期最快、生產資源需求波動幅度最小，最穩定的生產排程模式。混流生產排程是在平準生產排程中，以一日最多回的狀況，更進一步地平準化，希望不同的產品別，都能依照該產品的產距時間來生產。

以此例來說，一天工作時間為四百五十分鐘，產品A的每天需求數量是一百五十個，產距時間是三分鐘，意即期望能每隔三分鐘生產出一個產品A。而產品B的產距時間是四・五分鐘，產品C的產距時間則是九分鐘，如此，即可由平準生產最多回的壽司化生產排程中，每一回的產品別需要量分布進行分析，以進行混流生產的安排。

在此例中，其每一回壽司化的產品別及數量分布是「三A二B一C」，則將混流生產排程安排為「ABABAC」，較接近其各別產距時間，而一週切換次數高達三百次。這種混流生產的方式，就是把不同類別的產品分布標準化的意思。

8.4 外部平準化生產

上文是為使讀者容易理解內部平準化的意義及作用，方假設客戶的訂單是非常穩定平準的。然而，回到現實世界中，這樣的客戶及下單平準的情況是非常少見的。大多數的情況下都是波動起伏的，甚至有時波動幅度劇烈。許多人在面對這種波動時，往往束手無策，而認為平準化生產不可行。是故，本節將介紹如何將外部客戶下訂單的不平準狀況，以公司內部的能力轉變為平準。這就是「外部平準化」的意義。

外部平準化的做法，可以採用以一個月內所接到的訂單，其產品別及數量，來取得平均每日各產品別之生產需要量的「月別外部平準化」；或是以一週內要生產出貨的產品別及數量，來求得一週內平均每日各產品別之生產需要量的「週別外部平準化」。

這兩者的差異，為月別外部平準化，是未來一個月的四週當中，每一週的每日生產產品別及數量固定不變；而週別外部平準化則是每一個不同的週次，其每日生產的產品別及數量是變動的。使用週別外部平準化時，一個月內的同種產品別切換次數為四次，比月別外部平準化一個月只切換一次為多，且批量較小。但是週別外部平準化生產交期較快，成品庫存較少。

在APIS中，是使用「週別外部平準化」的方式。這個正好可以搭配滾動十三週生產計畫的週別生產計畫，來做為當週訂單產品別及數量的平準化依據，而不用再額外製作週別生產計畫。另外，實際的運作上，如果產品類別很多，可以不用每個類別都做平準化的處理。可依照八十—二十原則，先選定占總訂單量約七十％至八十％，但是占總類別數十％至二十％的少數類別，做為平準化的對象產品別，其他的類別則維持傳統的批量生產排程。此外，要依照平準化對象產品別的生產需要量，將每日的工作時間按比例分成兩個時段。

第一個時段稱為「對號座」時段，其所占的時間比例就是以平準化對象產品的時間比例為依據。此時段用來生產平準化對象的產品別；其餘的時間就是「自由座」時段，用來生產批量生產的對象產品別。

具體來說，要先做出外部平準化之後，才能進行內部平準化。

8.5 平準化生產的實施要點

除了要知道如何進行內部平準化及外部平準化之外，也要更進一步的理解平準化生產的一些要點，才能正確的順利實施及獲得成果，這些要點如下：

◆要點一：降低切換時間是平準化生產的前提條件

平準化生產有眾多的好處，它也是及時生產、後拉式看板生產的前提條件。沒有進行平準化生產，則後拉式看板生產無法順利推動。平準化生產的唯一不利之處是切換次數增加，尤其是多回少量的回數倍增時，切換次數也跟著倍增。許多人大概是因為不能理解，或者不認為有需要平準化的好處，只看到切換次數的增加的不利之處，因而忽略平準化生產的必要性。事實上，平準化生產的觀念是源自於豐田生產方式，它是豐田生產方式的基礎。沒有建立平準化生產，豐田生產方式是難以運作的。因為平準化可以縮短生產交期，使生產三大資源人力、機器、材料保持在穩定需求的狀態，更是降低庫存的重要工具之一。尤其庫存在豐田生產方式中，被認為是萬惡之源，它隱藏了許多我們大多數人不認為是問題的問題，致使我們失去許多改革的機會。又如降低切換時間，大多數人都認為沒有必要性，所以切換時間的降低就不改善了。

因此，我們在進行平準化生產要逐步進行，先追求平均生產排程，將切換時間降低到可以進行平均生產的時間後，才實施平均生產。例如改善前每週切換三回，每回切換時間一小時，每週切換總時間為三小時。若改善後每回切換時間十分鐘，每週切換十八次，每週切換總時間仍為三小時，與改善前一樣，沒有增加切換時間的損失。

之後，我們就可以實施每日平均生產了。若再進一步將切換時間改善降為每回五分鐘，則每週可切換三十六次，每日可以切換六次，成為一日多回少量生產的平準生產，但每週總切換時間仍為三小時，與改善前一樣沒有增加。最後切換時間若能改善為零分鐘，則可以實現平準化生產的最高境界的混流生產排程，而且每週的總切換時間還是零分鐘，比改善前更好，是最佳結局。因此，切換時間的縮短才是平準化生產的成功與否的關鍵所在。有關降低切換時間的說明，將在下一章詳細介紹。

◆要點二：是產品群組別不是產品型號別

平準化生產，是依照產品的類別來做為平準化的依據。對此，企業可能會產生這樣的疑慮——我們的公司產品別有幾百種，要如何平準呢？故在此必須進一步說明產品類別的意義。在平準化生產中，所謂產品的類別是指產品的群組別，而不是指產品的型號別。產品型號別是指每個產品都會有各自的代表號碼。而產品群組別則是一個群組別中，包括了多個不同的型號別。但是，又該如何決定哪些型號別是屬於同一個群組別呢？這又是另一個值得深入探討的議題了。不同產業、不同公司，都有其定義及考量點。

就筆者而言，若考量到平準化生產的主要作用在追求生產三大資源需求的穩定、降低庫存數量及縮短生產交期時間的角度來看，則凡是生產資源需求差距不大、切換時間是零分鐘的產品型號別都可以歸類為同一產品群組別。這樣可以減少產品的類別，有利於平準化的進行。

◆**要點三：是以產品群組別為平準化對象不是以資源別為平準化對象**

平準化生產的作用之一，是使三大生產資源的需求可以保持在穩定的狀態。因此有些人就以三大資源之一，例如材料的需求穩定，來做為平準化的考量出發點。這是不正確的做法。因為這樣的做法雖然可以使材料需求穩定，但是人力需求及機器設備需求，仍然會有波動的情形發生。我們只要以產品群組別為平準化的考量為出發點，平準之後，三大資源人力、機器設備及材料，自然也就平準穩定了。

◆**要點四：先從後工序平準化再往前工序平準化**

另外，在進行平準化的過程中要注意的一點，是平準化要從整個生產流程中的最後一個段落，即裝配包裝線進行平準化的動作。之後再往其他裝配的離島工序進行前工序的平準化，而不是一開始就同時進行所有的工序的平準化。若如此，整體而言，仍然不會使生產順暢，中間在製品庫存數量會很多。

◆**要點五：多條真龍小線有利於平準化生產的容易進行**

生產線的布局方式，也會影響到平準化生產是否能易於實施。若以傳統機器別、功能別、大批量、集中式的水平式布置，以及離島式的前後工序太多，則平準化的複雜度及困難度就愈多，嚴重時甚至難以實施。所以，在實施平準化生產之前，另外一個條件，就是要減少過多的前後工序離島式中央集中大批量的生產線布置。要先朝產品別、一個流、垂直式的真龍線方向改革才好。

此外，再進一步將一條真龍大線再分成多條真龍小線來發展，更有助於平準化生產方式功能的發揮。所謂多條真龍小線化，就以前述的一條線日產能為三百個，要生產三種不同的產品A、B、C的平準化為例。假設，能夠將一條一天做三百個，在機器設備總成本不增加的情況下，將之分成三條小線，每條小線各做一種產品。這樣每條小線就不用做產品的切換，而且能夠同時開始生產，不用做太多的平準化生產的動作，就可輕鬆地達成平準化生產的功能及作用。

第九章　生產切換的改革：快速切換

常見傳統做法：一回大量少切換、提高可動率、備用機切換、無關交期

APIS創新做法：多回少量多切換、資源平準化、生產機切換、縮短交期

9.1 不同的目的及觀念的快速切換

快速切換的意思是要縮短切換的時間，愈短愈好。快速切換的通俗的名稱是「快速換模」。快速切換在APIS的改善手法裡，算是純粹是硬體技術面的改善，較少受到生產現場作業員配合意願的改變，或阻力的影響。也換言之，它應當能輕易地進入此一領域，並快速改善才對。然而，事實卻並非如此。多數的公司少有降低切換時間的改善意願。主要原因在於其觀念仍然維持常見的傳統觀念，沒有掌握快速切換在APIS中所重視的功能及作用之故。

切換會造成生產活動的停止，也就是產量的減少。而且，多數的工廠都不重視切換動作的改善。所以，切換所造成的停產時間都很長，短則數十分鐘，長則數小時甚或數

天都有。因此，傳統的切換觀念就是要集中成大批量以減少切換次數，認為這是最有效率的工作安排。這樣的觀點是從站在該機器設備之可動率的提升，或是產量的提升的單方面利益考量的結果。再加上缺乏降低切換時間的改善技巧，所以很少看到工廠切換時間降低的改善。更有些工廠是利用不生產的休息時間，例如午餐時間、下班時間，或假日時間來進行切換工作，認為沒有影響到生產的可用時間，就是良好的解決方法。或是以多餘的機台來做事前的切換工作，這也是不確實的做法，因為切換時間本身仍然沒有被縮短，這些都是缺乏從源頭降低切換時間的積極做法。

APIS對縮短切換時間的積極改善，主要是源自及時生產、後拉式看板生產及平準化生產的必要性而來。它主要追求的方向，是透過多回少量的平準化生產方式，來達成生產資源需求的穩定，以及降低庫存縮短交期時間及準時出貨給客戶；同時又能減少切換的停產時間的損失，提高機器設備的產量效率，一舉數得。而多回少量就意味著切換次數的增加，所以必須要積極地改善縮短切換時間。

9.2 切換的專門術語

在進行縮短切換時間之前，要先了解有關切換的專門術語，以利理解，有助於改善的進行。

1. 切換

凡是因為生產的產品類別不同，在切換產品的類別時必須停止生產的工作，以進行一些必要的切換工作，皆謂之切換（Changeover）。又通稱為換模。例如：更換模具、程式、參數條件、夾具、治具、材料、機器及作業人員等都是。

2. 切換時間

切換時間（Changeover Time）係指因進行切換工作而停止生產的時間。切換時間的起點是從上一個產品類別的最後一個在製品生產結束後，即開始起算，直到下一個產品類別第一個良品產出為止。

3. 線內切換

凡是必須在機器設備停止作動生產的狀態下，才能進行的切換工作作業就是線內切換（Internal／On-Line Changeover），或稱線內作業，簡稱為內作業。從事線內作業的工作時間，就是線內切換時間，亦稱內作業時間。線內切換時間就等於切換時間。

4. 線外切換

凡在機器設備仍作動生產中，即可進行的線內切換前後動作，亦即在上一模仍生產中，即可事前準備的切換工作，或是在下一模切換後，才進行的整理收拾工作，就稱為線外切換（External／Off-Line Changeover），或稱線外作業，簡稱外作業。從事線外作業的工作時間就是線外切換時間。但是，線外時間只耗用切換人員的人工時間，不可以計入切換時間內。

5. 切換人工時間

切換人工時間（Changeover Human Time）是指為進行切換工作而耗用的切換人員人工時間。它包含線內切換人工時間和線外切換人工時間。

6. 換線時間

上述的切換時間，通常是指單一工序機台的切換時間。但是，有些生產線是一個流的連續流結合了許多不同的前後工序的機台，此時就得完成整條線所有不同前後工序的切換工作，這樣的情況就稱為換線。換線時間（Line Changeover Time）是以整條線內工序機器中，切換時間最長者來代表整條線的換線時間。換句話說，要縮短換線時間，就從單一機器切換時間最長的先改善縮短即可。

7. 換線作業時間

換線作業時間（Line Changeover Activity Time）是指整條生產線上每一個前後工序的機台切換時間總合，僅做為整條線各機台切換時間的改善前後比較之用，而與換線時間所表達的意思不同。舉例來說，若生產線的生產速度是一分鐘產出一個產品，則換線時間五十分鐘，代表損失五十個產品的產出量。若此條生產線有五台機器，其個別機器的切換時間為十分、二十分、五十分、五分及三十五分，則換線時間為五十分，而換線作業時間為五台機器的加總，即一百二十分。

9.3 切換的水準境界

在還沒有學習如何進行縮短切換時間之前，先來了解依照切換時間的長短，可以分成下列幾個水準境界。我們的改善就依據這些水準境界逐步進行。

◆境界零：傳統切換

凡是切換時間在十分鐘以上，不論數小時、數十分鐘、十多分鐘，皆稱為傳統切換，就是一般工廠在改善前的切換時間。在進行改善過程中，先逐步追求切換時間的一半化。待達成一半化再進行下一階段的一半化，逐步降低至十多分以內。之後就可以再往下一個水準境界努力。

◆境界一：個位分鐘切換

個位分鐘切換（Single Minute Exchange Die, SMED）的水準境界，是指切換時間在十分鐘以內。這是一個較易達成的境界。

◆境界二：零式切換

零式切換（Zero Type Exchange Die, ZTED）又稱為零切換。它不是指零分鐘完成切換工作，而是指在三分鐘內完成切換工作，零是用以形容切換時間很短，幾乎不覺的切換工作必須花費很長的時間才能完成。在達成十分鐘內的個位分鐘切換後，也可以先進行切換時間的一半化，再來追求零切換的實現。

◆境界三：一觸切換

一觸切換（One Touch Exchange Die, OTED），形容只需要用手去接觸一下即可完成切換工作。具體而言，就是能夠在五十九秒內完成切換工作，以秒為切換時間的單位，就是一觸切換了。

◆境界四：一個切換

一個切換（One Piece Exchange Die, OPED），指在以秒為單位的切換時間內，能夠在損失一個產量的狀況下，也就是在一個產品的生產週期內，能夠完成切換工作的境界。舉例來說，假設機器設備的生產週期時間（Cycle Time）是二十五秒可以完成一個產品，若切換時間為五十五秒，則損失三個產品的產出量。若切換時間降至二十秒，則損失一個產品的產出量，這就是一個切換的境界了。

◆ **境界五：無須切換**

無須切換（No Need Exchange Die, NNED），是指產品類別雖然要做切換，但是其切換時間是零，也就是沒有產量的損失。這是最高的水準境界。實務上而言，有些操作上有困難，難以達成；而有些則是極有可能達成的，要視個案來研究改善。

9.4 快速切換的基本方向

要進行快速切換之前，我們要先掌握幾個改善的基本方向，說明如下。

(1) 內外不分

內外不分是指在改善前一般常見的切換工作進行的現象，沒有理解內作業及外作業的意義。是故會看到許多應屬外作業的切換動作，也在機器設備停機停產，即內作業的情況下進行，造成切換時間常常長達數十分鐘或數小時以上。

⑵ 內外分離

內外分離是指在整體的切換過程中，判定哪些動作是可以在機器設備生產作動中進行的外作業，哪些又是必須在機器設備停止生產的狀態中才能進行的內作業。然後，就必須事先準備或事後收拾外作業，不要占用線內作業的時間來做線外作業，這樣就能大幅度降低切換時間。

⑶ 內往外移

內往外移是指將原本的內作業，設法改善轉變成為外作業。因為外作業只會耗用切換人員的切換人工時間，而不會造成機器設備停產的時間，這樣可以大幅度降低切換時間。例如有些模具切換後需要一段時間進行加溫，如果能將加溫動作在切換之前，上一個產品仍在生產中時就預先進行，即可降低模具在機器上的加溫時間。

⑷ 減內作業

減少內作業的時間是最好的改善方案，因為可以同時減少切換時間及切換人工時間。我們會在後續的部分介紹減少內作業時間的技法。

⑸ 減外作業

最後要設法減少外作業的時間。外作業時間的降低雖然不會產生降低切換時間的效果，但是可以減少切換人工時間。所以，此部分也不可忽視，要努力降低改善。

9.5 切換的過程及三大階段

要降低切換時間之前，先要了解切換動作的過程。切換動作主要可以分成下列幾個步驟及階段。

步驟	內容
步驟 1：準備新模	準備新模就是準備下一個生產型號的模具。這是屬於外作業的切換工作。新模的準備工作包括模具及附屬配件的準備齊全、清潔及檢查模具，以及預熱等工作。
步驟 2：拆下舊模	拆下上一型號產品的模具的切換工作。上一型號生產結束的一刻，就是切換時間的開始。
步驟 3：裝上新模	安裝下一個要生產的產品模具。
步驟 4：校準位置	新模安裝上去之後，再進一步校準正確的位置。
步驟 5：設定參數	模具校準正確位置後，就要設定操作生產的參數條件。
步驟 6：產品試做	參數條件設定好之後，就要試做產品。
步驟 7：品質檢查	試做的產品要經過品質檢查。若是不合格，就必須重複步驟 3 到步驟 7，直到第一個良品產出為止，也才是切換工作及切換時間的結束點。
步驟 8：收拾舊模	切換工作結束後，就將拆下之上一型號的模具進行保養後，送回模具庫房儲存。這也是外作業的切換工作。

■準備、收拾階段

■模具交換（更換）階段

■試做、調整階段

1. 準備、收拾階段時間的改善技巧

基本原則：事前準備妥當原則

準備收拾階段雖然是屬於外作業，不影響切換時間的長短，但若事前沒有準備妥當，在進行內作業時才發現缺漏，或是準備錯誤的模具及附件，也會造成耽擱內作業，因而延長切換時間。此外，線外切換的工作若能改善，也可以降低人工時間，所以不可不加以重視。下列的改善技法可供參考。

◆技法一：準備查核化

準備查核化是將新模要準備的切換工作的內容，包括模具、配件、參數條件、工具、清潔用品、切換程序的標準操作程序做成一張查核表，協助人員確認是否有遺漏掉的事項，避免在進行線內切換時，臨時缺少東西而停止線內切換工作，造成不必要的切換時間延長。

◆技法二：換模專車化

換模專車化是要設計切換工作的搬運專用台車。這部台車要將查核表上所列之準備事項的所有物品，依照切換順序備妥。尤其是工具，切勿置於工具箱內，還要

花費時間尋找，要事先拿出來放在台車上。同時，這部台車也要有空間放置舊模所有拆下來的東西。

◆技法三：切換標準化

切換標準化是要將整個切換的過程，包括外作業及內作業都詳細地說明，寫成標準操作程序書。尤其是在多人同時進行切換工作時，更需要用「人機配合圖」（Man-Machine Chart）來做詳細的分析說明。如能以錄影方式動態記錄標準程序書，效果會更好。

◆技法四：儲存配套化

儲存配套化指將該產品所需的各種專用的不同的模具、配件及其他物品，存在同一個儲位。這樣可以減少找尋這些物品的時間，以及拿錯物品的情況，而造成切換時間的延誤。不要以物品別集中儲放的水平式管理，而要改用產品別垂直式的管理方式。

◆技法五：儲存定席化

儲存定席化指配套儲存的切換模具及其他的附屬物品的儲存位置，必須固定在某一個儲位。而且每一個儲位都要有一個儲位的號碼，稱為「定碼化」。為了能夠正確快速地找到及歸回儲位的號碼，我們要在模具上寫上它的定席的儲位號碼。

◆技法六：日日清潔化

常見工廠在進行切換工作時，把舊模拆下來後，又順便清潔機器或模具，可見其尚未認知快速切換的好處及重要性。須每天做好清潔，盡量避免在停機執行切換內作業時，進行應屬外作業的切換工作。

2. 模具更換階段時間的改善技巧

基本原則：手可動腳不動原則

模具更換階段是屬於內作業，影響到切換時間的長短及切換人員人工時間的耗用。因此，必須要努力降低模具更換的時間。在此階段，我們要掌握手可動腳不動的原則，以減少不必要的走動時間。畢竟，切換動作是用手來進行的，在走動時是無法進行切換工作的。過多的走動就表示過多的時間浪費，也會造成過長的切換時間。以下的改善技法對降低更換時間有很大的幫助。

◆ **技法七：平行作業化**

平行作業指多人同時進行切換工作，這是最快的降低切換時間的方法之一。理論上而言，若是兩人同時進行切換工作，即可使時間減半。但是，事實上還須觀察這些切換工作是否有同時工作的空間。若不可行，時間雖無法減半，卻還是可以大幅降低切換時間。平行作業的重點是減少切換時間，而非減少切換人工時間。所以，為了能夠平均分配各人的工作時間，我們可以利用人機配合圖來分析。此外，在多人切換時要特別注意安全，不要有誤動作而傷害其他的切換人員，最好要有安全確認的防錯機制。

◆ **技法八：雙套載具化**

雙套載具指要有兩套搬運模具的設備，例如台車、叉車、吊車、料架等。舉例來說，通常一般換模時，只使用一部吊車將舊模拆下並移送到其儲存場所，之後再移動吊車去吊掛新模入機器。如果有兩部吊車，則可事先利用一台吊車吊掛新模至機台旁邊等待，成為外作業。另外一部吊車在吊起舊模後，便可立即將新模裝入機台內。這樣可以減少切換時間。材料的料架也是一樣的道理，一個料架正在使用中，另外一個料架也備好下一批的材料，即可減少材料的切換時間。

◆技法九：螺絲剔除化

螺絲是用來固定物品的常見方式。但是，拆裝螺絲必須使用工具，因此是非常耗用時間的方式，不是最佳選擇。我們必須利用其他的固定方式，例如壓桿、凸輪、磁力、油壓、氣壓等，以減少螺絲的使用。如果不行，也可考慮減少螺絲的數量、減短螺絲的長度、減少螺絲旋轉的圈數，或找出不取出整支螺絲而又可以拆下及安裝模具的方法等。

◆技法十：配件標準化

通常要裝置一個模具，必須要有其他的配件做為固定之用。例如螺絲、墊片、壓板等。這些配件也要思考如何加以標準化，減少配件類別，並減少工具的種類，而進一步減少工具的更換時間，有利於切換時間的降低。

◆**技法十一：工具道具化**

工具是指從市面上可以買到的現有通用的器具。道具則是為某件工作而特別設計，或從現有的工具改造，以減少工具的類別，提高效率，而能以較少的時間來完成工作。所以，要思考使用道具，而非工具來工作。

◆**技法十二：工具效率化**

工具效率化指選用的工具或道具要能夠有更快速能夠完成工作的方式，不要純粹用手工的方式來工作，例如改用電動或氣動螺絲起子。利用真空吸塵器來取代手工擦拭方式。使用快速蘚輪扳手取代傳統的開口扳手，也可以減少很多切換時間。

◆**技法十三：工具近身化**

工具近身化指在切換時所使用的工具及道具要盡可能靠近切換人員的身邊，以減少走動距離的時間。若可行，就直接帶在身上，若不可行，則放在專門的切換台車上。若是屬於該機台專用或是常用的工具，也可以掛在機台邊。

3. 試做調整階段時間的改善技巧

基本原則：基準不變動原則

試做調整階段也屬內作業。當筆者詢問任何管理人員工廠內現在的切換約須多久時，得到的答案通常是不一定。運氣好的話僅須數十分鐘，運氣不佳時則動輒數小時。與上述二個階段相比，試做調整的時間相當不穩定，主因在於進行試做調整時，很難一次成功，必須反覆試驗才行。如此一來，時間就不穩定了。造成此階段時間不穩定的真因，就是機台上缺乏參考基準線，模具尺寸的大小也未標準化。是故，要穩定此階段的切換時間，必須要有設定的標準，並維持基準不變。以下是可以參考使用的一些技法。

◆技法十四：機床基準化

首先要在機台置放模具的床面設定一個有擋塊的X軸及Y軸基準線。這一個基準要以現有的最大尺寸模具為參考基準。此一基準一旦設定，就不可以再移動，所有的模具的尺寸大小都要以此基準線為參考。

◆技法十五：模具標準化

在設定了上述的機床的X軸及Y軸的基準線之後，就要將模具的尺寸標準化，包括模具的長度、寬度及高度和壓板位置的高度標準化，才能快速更換模具，並一次定位，減少調整的時間。模具尺寸的標準化也要考慮機台的不同，而有不同的標準化尺寸。但是標準化尺寸也不可以有太多種。

◆技法十六：模具子母化

模具的子母化就是將模具區分為子模及母模兩大部份。母模保持不變，產品切換時則只須更換子模即可，不用將整付模具拆卸下來，以減少更換模具和試做調整的時間。

◆技法十七：模具共通化

模具共通化也是一個很值得去研究突破的方向。共通化是指設計一套模具可以供幾個不同的產品切換使用，可達到無需換模，切換時間為零分鐘的最佳境界，此外，也可以節省模具的成本費用。

◆技法十八：模具配套化

有些時候一個產品是由幾個不同的部件組合起來的。常見的情形是一個部件就製作一套模具，造成整個產品的模具要許多套，且要做切換工作才能完成，又使部件的在製品增多、交期變長，不利之處很多。若能將這幾個不同的部件設計在一套模具內，就可以解決這些困擾。這就是模具配套化的意思。

◆技法十九：組模線外化

線外化就是將原先的切換內作業轉移為外作業。常見工廠在機器停機的情況下進行模具的組合安裝及調整，這樣的的切換時間當然就長了。如果可以在線外事先組裝好模具，並調整好，就可以很快地完成切換工作。另外，需要加溫的模具若能夠事前預先加熱，也可以減少內作業的加溫時間，並在第一次就試做出良品，減少切換時間。

◆技法二十：調整數位化

調整數位化是指在做調整之前，必須要有量測儀器可以客觀地量測出誤差值是多少，才能知道要調整多少數值，並了解是否已經調整到位。常見老師傅的做法，都是以眼睛去判斷誤差值為多少，也憑著感覺調整，這樣不客觀的方法，當然調整試做的次數就不穩定，也容易受到切換人員的經驗影響。有經驗的人花費的時間就少，經驗少的人花費的次數多，時間也長。這完全是因為沒有科學客觀的工作方式所致。使用測量儀器客觀地知道誤差值是多少，則幾乎每一位切換人員都能調整一次就成功。

9.6 換線時間的改善技巧

上述所介紹的二十個快速切換的技法，是著重在單一機台的切換。換線的意義及範圍是指切換一整條線所有的許多不同的工序的機台的工作。所以，除了基本上要有上述的切換技法來應用外，尚須要掌握幾個換線的技巧。

換線時間的改善技巧

基本原則：順序切換及多條小線化

1. 先從瓶頸工序改善

瓶頸工序就是整條線裡切換時間最長的工序機台，決定了換線時間的長短。一條線裡永遠都有一個切換時間最長的工序。所以解決了一個瓶頸工序之後，就要朝下個瓶頸工序持續改善。

2. 順序切換

順序切換是指整條生產線的切換順序，必須依照產品的工序號碼進行，先完成第一個工序後，再進行下一工序。當第一個工序完成切換後，作業人員就立即開始下一個產品型號的生產，所以切換的工作是由專門的水蜘蛛來進行。此外，在進行切換時，前後工序的中間在製品不可以太多，若太多，會造成水蜘蛛的等待時間，以及整條線完成切換的時間太長，需長達一、二天才能全部換完。傳統的做法，就是最後一個工序生產結束後，整條線才由作業人員一起切換，這也是傳統上造成切換時間過長的主因。

3. 多條小線化

多條小線化的意義，已在前文中介紹過了。它有許多的好處，其中之一就是減少切換為零分鐘的無需切換的最高境界。例如原來一條線生產三種類的產品，若是分成三條小線每一條線只生產一種產品，就無須切換了。

第十章　機器設備保全的改革：全員生產保全

常見傳統做法：事後修理、保全員計畫預防保全、設備保全、追求稼動率

APIS創新做法：事前預防、作業員自主預防保全、全面保全、追求可動率

10.1 改善三T策略

一般公司在導入改善改革活動時，通常是以改善3T策略為驅動的力量。3T是指全公司品質管理（TQM）、豐田生產方式（TPS）及全員生產保全（TPM）。有些公司以為這三個T是相互排斥的，例如正在推行全公司品質管理，就不用再推行豐田生產方式及全員生產保全，或是實施了豐田生產方式，就不用再推行全公司品質管理及全員生產保全了。事實上，這是錯誤的。這三個T各有其獨特發展的改善技法，以及相互共通的部分，當然，也各有不足之處。

全公司品質管理著重在產品品質的改善，豐田生產方式著重在降低庫存數量，全員生產保全則著重在提高設備的可動率，以帶動全公司的改善活動。因此，我們應該整合三個T改善策略，以及其改善技法來帶動全公司的改善改革。

而APIS，正是整合三個T的策略及技法，再加上其他方法，如品質機能展開（Quality Function Deployment, QFD）、田口方法／穩健設計、3P生產準備，以及筆者獨創的一些技法，如滾動十三週生產計畫、零不良品質管理、倉儲管理及先進先出管理於一體的策略。

一般而言，這三個T都號稱其改善目的為提高勞働生產力、提升品質、縮短交期等等。但是，各個T對這些績效指標改善的貢獻度各有不同。尤其是近年來，全員生產保全改稱為全員生產管理（Total Productive Management, TPMgt），強調全員生產保全，也是在追求全員在生產管理的貢獻度，此亦不可否認。然而，全員生產保全的獨特改善技法，則是針對機器設備領域的改善較多。所以，筆者仍傾向維持全員生產保全（Total Productive Maintenance, TPMtn）的用法。全員生產保全對於以自動化機器設備為生產導向的企業有很大的貢獻，因為機器設備若不穩定、停機時間長，可動率低的話，產出量就會受到影響。

10.2 衡量設備績效的三大指標

要了解及改善機器設備的績效好不好，我們必須先要有客觀的衡量指標。以下是三個常用指標。

1. 平均故障間隔時間

平均故障間隔時間（Mean Time Between Failure, MTBF），表示每次故障的平均間隔，時間愈長愈好。其倒數即為故障頻率，頻率愈低，表示故障次數愈少，機器設備愈安定。此指標用以表示機器設備的穩定度。

2. 平均修理時間

平均修理時間（Mean Time To Repair, MTTR），表示機器故障到修復的平均過程時間，這個時間包括機器的等待時間，而且是指線內停產的時間。平均修理時間要愈短愈好，表示影響生產的停產時間愈少。這是用來衡量維修部門的修理的能力，及生產管理部門的管理能力。

3. 總合設備效率

總合設備效率（Overall Equipment Efficiency, OEE），表示整體的設備可以有效運作實際有生產出良品數量與標準應該產出良品數量之間的比例的效率。「OEE」在APIS中被稱為「可動率」，屬於公司內部的管理範疇。可動率為百分之百最佳。

可動率與稼動率不同，稼動率是指接受客戶的訂單數量與產能的數量的比例，是業務部門的管理範疇。然而，業務要爭取訂單，也須生產相關部門在品質、交期及成本方面有足夠競爭力，才容易爭取訂單。理論而言，稼動率也是要百分之百最佳，表示工廠的產能利用率滿載。若稼動率少於百分之百，則生產目標量只要依客戶訂單需求，達成實際接單數量的稼動率即可，而不可以稼動率百分之百為目標進行生產，這樣表示生產過多或過早，成為最大的無駄。

雖說企業應致力追求百分之百的可動率，但事實上，筆者所接觸到的工廠，其可動率在五十％至六十五％居多，代表其有可動率損失，也就是生產數量損失了三十五％至五十％。

然而，多數工廠都不太了解損失何在，也就沒有改善的自覺。要提高可動率，必須先了解可動率的六大損失，次節將逐一介紹。

10.3 設備可動率的六大損失及主要改善對策

設備可動率的損失，主要可分為六種。以下將逐一詳細說明，並提出主要的改善對策。

1. 故障損失

故障損失是指機器在生產中有意外的異常狀況發生，使得機器停止下來，須由維修人員進行修理，使之恢復正常運作。故障的損失，主要是由某些原因所造成例如作業人員的不正確的操作、機器零件的劣化、品質不佳、缺乏定期的預防保全、維修保全人員的技能不足，缺乏尋找問題真因的能力，只能頭痛醫頭，腳痛醫腳。此外，修理的時間太長，亦會使得故障損失時間產生無謂的拉長。所以有時候會戲稱故障為無意間故意造成的人為障害。

2. 瞬停損失

瞬停是指瞬間停機，廣義來說也是故障的類別之一。瞬停的特色是停機發生頻率很高，但是排除異常停機的時間很短，通常在一分鐘內即可由操作人員排除。不過

一、二十分鐘後又重複發生，因而又會稱為小故障。而故障的特色是其發生頻率相對較少，而修理排除的時間較長，且須由專門的維修部門的人員來排除故障。雖然瞬停可由作業員自行排除，但也必須耗用人力，造成可動率損失。尤其是一些傳統追求高速度的自動化設備瞬停頻繁，必須要有作業員隨時在旁監視，以便立即排除狀況，而影響自動化及省人化的目的，效果不如預期，甚至成本又比導入前更高的現象發生。

就筆者的實務經驗，大部分瞬停發生的主因，是材料在進料軌道中被卡住，也就是卡料，以及材料進入加工點時，位置對不準的問題。多數人會將這些問題怪罪於材料品質不佳，尺寸規格的一致性太差所致，言下之意即有問題的是材料，而非機器。所以問題會持續存在，沒有任何改善的跡象。一般來說，材料規格如符合上下界限值，品質就算合格，只是一致性太差，過於偏向上限或下限，就容易造成瞬停。但要解決此一問題，也非易事。

然而，就筆者的觀察與改善經驗，瞬停的主要原因，其實是機器設備的速度過快所致。速度愈快的設備，精度要求就愈高，材料的公差範圍就要愈小，精準度及一致性的要求也高。這樣的材料要求難度很高，較佳的解決方法，是改採對材料公差包容度高的設備，才能有效減少瞬停的機率。換言之，機器速度不宜過快，選擇適速且價格便宜的設備即可。

此外，自動機器都必須安裝可通報異常，或在需要時自動停止生產，附有聲音及燈光的 Andon 警報器，以減少人員監視機器的無駄。詳細的內容，請參考前面介紹過的三少自働化設備。

3. 退化損失

退化損失是指機器使用一段時間後，其功能及速度無法如初，而有速度減緩的情況發生。有些人會以退化後的速度做為計算可動率的標準數字，這樣的計算方式，可產生較高的可動率數據。筆者認為這樣的方式不好，會使我們失去改善的動力。我們應該仍然用初購進來的速度為基準，才有察覺更多改善空間的機會。退化的主因大部份是來自於機器零配件的磨耗，或超載生產所造成的。解決之道就是日常要做好自主保全的清掃、點檢、潤滑工作及計畫保全，定期檢查更換零配件，並改良保全，以提高零配件的壽命；同時，也要管理作業員操作機器設備的方法。

上述的三種損失，基本上都與機器設備維修部門及生產單位部門有關。傳統上，多數公司對於維修部門的績效考核都僅以上述三種損失來計算可動率，依照這樣的算法，動率就可以有八十五%以上的漂亮績效。但是，我們的可動率的損失計算，必須包括後面三種損失在內才對。我們的目的是追求公司整體利益的提升，而不是在追究或考核某一個單位部門的責任。所以，後面這三種損失我們也要努力加以改善。

4. 不良損失

不良的損失就是指產出的產品不能為客戶所接受，等於沒有產出，白忙一場。不良也是七大無駄之一，是材料、人工及管理成本的重大損失。造成不良的主要因素有人員、材料、機器、方法、環境及量測的六大原因存在。不只是機器的問題，也不是維修人員及生產作業人員的責任問題，而是全公司每個部門都有關聯。有關不良的減少，會在後續章節詳細說明。

5. 切換損失

切換損失就是指為切換製作產品型號而停產的損失。有者會以集中大批量減少切換次數，降低切換損失。有者則利用休息時間、計畫停產時間，或是假日來進行切換動作，以求減少正常計畫生產時間內的切換損失。這看似是不錯的安排，但是事實上，前一個型號的生產完工的時間，不會百分之百落在這些在計畫停產的時間內。

總而言之，多數的做法都未思考如何降低現有的切換時間，而是以集中大批量減少切換次數的方式，來對應切換損失。正確的方法是學習前一章所介紹的快速切換改善技法，以減少切換損失。

6. 等待損失

等待的損失是指機器設備停機在等待材料的供應，或是在等待作業員的操作，或是在等待維修人員來處理故障排除，或是在等待換模。總而言之，不是機器設備本身所造成的損失，而是工作計畫安排等管理層面的問題。計對這些管理上的問題，我們要一一地找出問題的真因，並改善之。

從以上可動率六大損失來看，可以了解可動率的提升，需要全公司各個部門、各個階層的管理人員及作業人員一起共同努力改善，而不是只有生產部門及維修部門所要負責的工作範圍。這也是之所以被稱做全員生產保全的意義。

10.4 總合設備效率的計算

對於機器設備的績效衡量，前文中提到三個指標，即平均故障間隔時間、平均修理時間，以及總合設備效率。其中前二個指標是著重在維修部門的工作績效的衡量。而總合設備效率則是包括管理、生產部門及維修部門的總合性的指標，是一個對機器設備績效衡量的重要指標，必須要了解其計算方式。以下舉例說明。

某現場之工作計畫為一日二十四小時，每日二班制，每班八小時，並計畫停產一班八小時。每班均計畫停機一小時，含半小時用餐、休息，以及半小時 5S 自主保全時間。則每日計畫投產時間(1)之計算方式為：

一日 24 小時 − 停產一班 8 小時 − 每日每班停機時間共 2 小時 = 14 小時　(1)

該現場每日之切換時間損失為二小時，等待時間損失為一小時，則每日有效投產時間(2)之計算方式為：

每日計畫投產 14 小時(1) − 切換時間損失 2 小時 − 等待時間損失 1 小時 = 11 小時　(2)

而其時間效率(3)則為：

每日有效投產時間 11 小時(2)／每日計畫投產時間 14 小時 = 78.57%　(3)

又，每日生產的檢查前產出量為一千零八十個，檢查後良品產出量則為一千個。假設機器的生產速度為三十秒一個，則其每日性能產出時間(4)為：

每日生產數量 1,080 個 × 機器生產時間 30 秒／個 = 9 小時　(4)

故得其性能效率(5)為：

每日性能產出時間 9 小時(4)／每日有效投產時間 11 小時(2) = 81.81%　(5)

而品質效率(6)為：

良品產出量 1,000 個／檢查前產出量 1,080 個 = 92.59%　(6)

由此可知，總和設備效率之計算為：

時間效率 78.57% (3) × 性能效率 81.81% (5) × 品質效率 92.59% (6) = 59.52%

上述總和設備效率為一般的算法。筆者以 APIS 計算方式，另有一種可動率之速算法。先求良品賺取時間(7)如下：

良品產出量 1,000 個 × 機器生產時間 30 秒／個 = 500 分鐘　(7)

再將良品賺取時間(7)除以每日計畫投產時間(1)，即得可動率：

良品賺取時間 500 分鐘(7)／每日計畫投產時間(1) = 59.52%

10.5 保全的四個階層領域

所以，要提高可動率，設備的維修預防保養，亦稱為保全就很重要了。就機器設備保全的領域來說，可以分成四個不同的階層，各個階層有其著重的要點如下：

1. 事後保全

事後保全（Breakdown Maintenance, BM）是指機器設備不預期地發生故障停機，而維修人員要進行修理的狀況。這種情況的發生是最不好的狀態。我們應該要先設法以最快的速度修復正常，也就是縮短修理時間。此外，也要進一步減少發生故障的頻率。然而，筆者的經驗是，多數的工廠都不重視這兩方面的改善。只要機器故障了就由維修人員慢慢修理，修好之後也不追查故障的真因。所以，故障仍持續頻繁發生，企業卻只是不斷抱怨機器不好，操作人員不按照標準作業程序操作，甚至抱怨維修人力不足。這些都是一般常見的現象。其主要原因是缺乏全員生產保全的觀念。機器設備的保全是要全公司不同的部門人員共同參與，而不是只有依賴維修人員的努力，才能達到機器設備的穩定生產。

2. 預防保全

要減少故障發生的頻率，預防保全（Preventive Maintenance, PM）是第一個必須進行的工作。所謂預防保全的意義，是指在機器設備沒有故障的情況下，所進行的事前保養維護，以減少故障發生頻率的預防性工作。

預防保全可以進一步分為兩個層面的保全。一為由維修部門所進行的保全，稱為計畫保全。這也是大多數工廠的預防保全模式。另一為在全員生產保全中所強調的自主保全。所謂自主保全就是指由使用機器設備的操作人員來進行的保全工作。這二種預防保全的區別主要如下。

(1) 計畫保全：由維修部門的專業人員所進行之較專業性的保全工作。此種保全的週期較長，通常是一週、一月、一季、半年或一年一次，而且會有拆卸機器零件、組件，或是更換、零件配件的工作。

(2) 自主保全：由生產線上操作機器設備的作業員所進行的簡易清掃、潤滑及點檢之每日性、每班性的短時間工作，一般在十分鐘內均可完成。此目的在維持設備於良好的狀態，減少故障發生的機率，以及提早發現潛在的問題點，及早改正。

3. 改良保全

所謂改良保全（Corrective Maintenance, CM）是指針對已經購入的現有機器設備，將某些機構或零配件加以改良，使故障頻率可以減少，或是縮短修護時間。這是維修及機器設備設計製作等相關部門之專業工程師的主要工作。

4. 保全預防

保全預防（Maintenance Prevention, MP）與預防保全，二者名詞順序顛倒，但是意義完全不同。保全預防指在購買或設計新機器設備的時候，即考慮如何設計機器設備，以使未來故障頻率較低、修護時間較短，可動率較高。這與機器設備的設計理念及觀念有密切的關聯性。一般常見的自動化設計方向，太過強調高速度、大產能及泛用機的想法，容易造成故障及瞬停的情況頻繁發生。此外，也少有考慮到快速切換的要求，所以可動率很低，大約在五十%至六十五%之間居多。如果要設計成可動率超過八十五%以上，則須考慮引用前面章節所介紹過的ＡＰＩＳ少產能、少成本、少人化的三少自働化設備設計理念。

10.6 全員生產保全活動的八個支柱

全員生產保全既言是全公司各個不同部門的全員生產的保全活動。具體而言，就包含了下列八個主要的活動內容，稱為八個支柱：

1. 自主保全

自主保全在上文中已經大致介紹過了，這是強調對機器設備的使用者，也就是操作者為對象的保全活動。這些操作員是機器設備異常跡象最早的發覺者，若是能夠教導操作員最基本的清掃、潤滑及點檢技巧，就能有效防範故障於未然，減少故障的頻率，延長機器設備的壽命。自主保全是全員生產保全中，一個最重要的起始點，也是其特色。

2. 計畫保全

計畫保全又稱專門保全，是由了解機器設備結構及作動原理的專門技術人員或工程人員，來進行較專業的機器設備定期保養工作，包括零件配件的檢查更換、保養及維修。所謂的計畫保全，就是依據機器設備各不同零件、配件及功能，制定適當的工作週期計畫。

計畫保全與自主保全都屬於預防保全。計畫保全也是維修部門的工作範疇。然而，許多工廠的維修部門，其主要工作均為機器設備故障後的修理，即事後保全，而少見注重事前預防保全工作者。這是必須要改進的地方。

3. 個別改善

所謂個別改善是指個案改善，或是專題改善，以提升機器設備的穩定度、可靠性及延長使用壽命，即改良保全之意。它必須由具備更高階技術能力的維修人員或是工程人員進行的改善工作。例如縮短切換時間、減少瞬停及故障發生的頻率，以及縮短修理的時間。

4. 初期管理

初期管理是在決定購買或設計機器設備的初期，就必須先做好的管理工作。要事前了解自己對於機器設備的需求條件、考慮可能的可動率損失高低、切換時間的長短、零件配件及耗材的消耗成本以及產能大小的適當性，即保全預防之意。尤其是機器設備的選用，對於未來工廠生產經營的績效，無論是品質、交期及成本方面，影響均大，甚至是公司經營成敗的關鍵所在，不可不慎重考慮。

筆者的見解是，不採用傳統高速度、大產能的泛用機，其成本高、瞬停率亦高，也不應使用工廠常見的高庫存、大批量集中式生產方式，而要考慮符合ＡＰＩＳ的多條真龍小線產品別、一個流、連續性及同步化的專線生產，其所需的適當速度三少自働化機器設備。詳細說明，請參考前面的章節。

5. 品質保全

品質保全即是品質保證的意思。品質保證有兩個層面的意義，其一是確保沒有不良品交付到客戶手中，避免客戶索賠而影響商譽。其二是要求從不良發生的源頭來設計防止錯誤及不良發生的防錯裝置，確保不會有不良品的流入，也不製造不良品，就不會有不良品流出。不可以依賴檢查的方式來確保品質，因為縱使已完成全數檢查，仍會有漏網之魚，而流出不良品到客戶手中。

此外，不良品會造成可動率的不良損失，也損失了成本。關於如何減少不良的損失及確保品質，筆者發展出一套零不良品質保證管理的技法，將在下一個章節介紹。

6. 技能訓練

技能訓練也就是教育訓練。教育是指教導吾人由不知而為知；然而，知而不行，是為不知。是故訓練之意，就是從不會做學到會做。導入任何一個新的改善改革技法時，由於是過去所未有的方法，一開始我們必須對公司內部做全員教育，再由有實務經驗的老師，實際帶領公司內的跨部門人員組成改善小組，按部就班地持續進行改善改革活動，才能成功。

7. 環境管理

環境管理具體而言就是要實施 5S 環境及目視管理。5S 環境管理是指整理、整頓、清掃、清潔及身美五個領域的環境管理的工作，也可說是工廠管理的起點。一個良好的工作環境，可以降低不良品的產生及機器設備故障機率，並減少工作意外傷害的發生。有關 5S 環境管理，在後續章節中會詳細介紹。

8. 管理改善

管理改善泛指間接部門管理單位的改善活動，也就是管理制度的改善，以提高管理部門事務性工作的效率。筆者經常看到生產機器設備，尤其是自動化機器設備停止不動的情況，然而，自動機器設備的使用，除計畫性的停機停產之外，一旦機器設備停止不動，就象徵著可動率的損失、產量的損失，以及效率的低落，不可不慎。許多的經常性停機，並不全然是機器設備本身的故障瞬停而導致，很大一部份，是由管理層面及管理制度所造成之可避免的等待時間損失。例如等待上層管理者零件更換申請的核准、等待材料的供應、等待操作人員前來處理、等待維修人員排除異常、等待零件更換、等待切換人員或模具的到位等等都是。

這些管理層面都是易於改善的，只是多數管理階層並未認知到這方面的改善需求，而是美其名以設立緩衝在製品的庫存方式，來應對這些不穩定的狀態。這正是應了APIS所言——庫存是萬惡之源，因為它將可動率低落的問題隱藏起來，使我們誤以為沒有改善的需求，自然也無動力改變。而可動率低落的問題，也就永遠存在。

10.7 自主保全的做法

如前文所述，自主保全就是使用者所要實施的保全，是全員生產保全中，提升可動率的起始點，也可說是由全員生產保全所發展出來的改善活動。本節將具體說明自主保全的做法。

自主保全的目的，是要協助作業員建立一套工作規則，以進行自身所使用之機器設備的預防保全日常工作。對於一般工廠而言，或許眼下並沒有這樣的工作項目存在，既有的機器設備，也非處於最適狀態。所以，在實施自主保全之前，我們要先成立一個改善小組，選定一台主要的機器設備，針對其狀態進行初期清掃，發掘問題點並改善之，建立自主保全事項標準後，再教導作業員實施自主保全工作。具體過程可依下列七個步驟進行。

◆ **步驟一：清掃點檢**

改善小組的第一個動作，首先要對現有的機器設備進行初期的清掃工作，將機台髒污之處打掃清理乾淨。在打掃過程中，同時也要點檢機台有否四大問題點：清掃困難點、點檢困難點、不要物品問題點、功能疑問點。

◆ **步驟二：問題排除**

將步驟一所發現的四大問題點逐步解決，如螺絲鬆動、潤滑給油不足等問題，改善之。其次，做出防止污染灰塵飛揚的措施、建立易於清理工作環境的方法、減少零件故障的機率，並找出易於快速點檢的目視管理方法。

◆ **步驟三：基準作成**

完成上述二個步驟後，須初步決定自主保全的三大重點工作：清掃、潤滑、點檢的項目、基準、工具及方法標準，並且做成一張自主點檢表。清掃指打掃、清理，以維護乾淨整潔安全的工作環境。潤滑指必要的加油、加水動作，以保持機器順暢運轉，避免震動搖晃等狀況發生。點檢指檢查重要部位，例如螺絲是否鬆動、油位是否正常、氣壓是否正常、安全裝置功能是否正常等。同時，要注意這些工作不可花費太多時間，最好每班在五分鐘，最長不要超過十分鐘內完成。

◆ **步驟四：基準檢討**

基準做成之後，即進行初步的試行。選擇一台機器，並教導一位作業員試做一段時間，以確認效果。如有不足之處要檢討修正基準，直至效果顯著，以標準化未來要實施的自主保全項目做法。

◆ **步驟五：技能移轉**

確定自主點檢基準後，就可以逐步水平展開，針對同樣的機器進行初期的清掃點檢，發掘四大問題點並加以改正，使機器處於容易進行自我保全的工作環境之中。實施作業員對於機器基本構造、加工原理，以及自主保全項目的教育訓練，以確保能在需要的標準時間內，正確完成保全項目。

◆ **步驟六：保全執行**

完成技能移轉培訓後，即可由作業員每天依照自主保全管理表實際執行保全事項。管理階層人員必須每日查核作業員是否確實執行，並填寫保全紀錄表，不可流於形式，務必讓作業員習慣自主保全的工作。因為作業員除要能做好基本的清掃潤滑工作外，更重要的是進行點檢工作，以盡早發現潛在問題，提早校正，防止問題惡化。由此可見，作業員可說是全員生產保全的最前線，非常重要。

◆步驟七：維持改善

除持續執行步驟六的每日自主保全工作外，也必須管理可動率指標的相關績效，尤其是故障頻率有無降低，平均故障間隔時間有無增長。若效果不明顯，就必須再進一步探討問題真因尋找改善對策，持續進行改善。

10.8 計畫保全的做法

計畫保全是由專業維修人員所擔任的較高層級預防保全工作。這些維修人員必須了解機器設備的結構及作動原理，具備相關知識及技能才能勝任。計畫保全的項目間隔時間通常在一星期以上，因此，要做出整個年度的計畫表，具體安排每一個保全項目在一年之中的確定執行的日期。此外，也要明確制定每一台設備的保全項目執行內容、標準程序及保全基準要求條件。在設備上每一個保全項目的位置點，用顏色目視管理的方法標示出來，使保全位置及頻率容易辨識。更重要的是，要將計畫保全的時間安排在生產線不生產的時段，例如休息、吃飯、下班或假日的時段，避免在生產線在生產時間中停止生產，才開始進行計畫保全的工作，這樣會造成生產時間及產量的損失。

第十一章　品質保證的改革：零不良的品質管理

常見傳統做法：檢查篩選、三線分立、不良原因六因素、問題解析七手法

APIS創新做法：根源防錯、三線一體、不良防止七要領、真因追查七手法

11.1　品質的定義及標準：超越對手及零不良

品質、交期、成本，被稱為製造業者的三大競爭力關鍵績效指標，是決定企業競爭力的關鍵因素。尤其是「品質」又擺在第一位，可見其重要性。品質是決定產品是否可為客戶接受的第一考慮因素，其次為價格（或稱成本）是否係客戶所能接受範圍，最後則是交貨期是否能滿足客戶需求。

然而，若再進一步探討品質是否可為客戶所接受，或是否能滿足客戶期望，則又受每一個別消費者之價值觀及經濟能力的影響。所以，何謂正確的品質、好的品質，或是優秀的品質，難以界定。

一般而言，品質都是以符合客戶的需求而定義之，但事實上，品質的定義，是會受到價格影響的。俗謂一分錢一分貨，若以該價格而言，如此的產品狀態被視為好品質，就能算是物超所值。無論是以物超所值即為好品質的觀點，或由品質為三大競爭力關鍵績效指標之一的觀點來看，好的品質均有助於銷售及利益的成長。所以，吾人必須改變傳統「品質是設計出來」的觀點，而要認為「品質是競爭出來」的，得想出、做出比競爭對手更為物超所值的產品。

此外，既已有物超所值的品質觀點，客戶是否購買產品的判斷標準，就是該產品是否沒有任何缺陷，由此可見，唯一判定品質是否符合標準的因素，就是零不良。如何做出超越競爭對手的物超所值產品，而又無不良交付到客戶手中，首先就必須了解決定產品品質良窳、有無競爭力的三大階段。

11.2 決定品質的三大階段：產品設計—製造技術—生產管理

新產品設計階段的主要工作，就是做出超越競爭對手的產品品質，使其物超所值，此為品質競爭中的第一要務。一般從事新產品設計的人員，在設計過程中往往只考慮產品的功能性，而較少考慮製造技術需求、製造成本及製造難易度，又或者在完成產品設計階段後，才將這些工作交付給製造技術部門人員，進行下一階段的研究開發。關於系統開發設計的過程，可以參考品質機能展開，或是田口方法穩健設計。

在產品設計之後，就是要決定使用何種製造流程、製造技術及機器設備，使製程能力（Process Capability）指數較高，以實現「品質是製造出來的，而不是檢查出來的」境界。製程能力愈高，表示愈具備低不良率的製造能力。在此階段，同時也要留意成本問題，不但要考慮機器設備的成本，也要考慮生產線之設計及排線的問題，並兼顧生產相關的材料成本、機器成本、人工成本、空間成本及管理成本等，使總體成本最低，而生產交期最快的目標。如此才能使品質、交期、成本三大競爭力關鍵績效指標維持最佳狀態，可利用3P生產準備流程的技法達成。

在完成上述決定品質的二個階段後，就要在實際生產時做好生產管理的工作，以確保在生產階段中不會有不良品的產生，並流到客戶手中，這就是第三階段決定品質的最後關卡。縱使前面二個階段能夠設計，並有能力製造出物超所值的產品品質，但若在生產階段仍有不良品流出，進而引發投訴、要求賠償，造成糾紛影響商譽，也會導致競爭力的低落。所以，任何一家企業在針對第三階段的品質生產管理時，都必須抱持著追求零不良的決心。尤其是代工生產的企業，通常第一階段的產品設計，都是由客戶所提供，這些企業的品質重點工作，通常均會落在第二階段的產品製造製程能力及成本優化，以及第三階段的零不良生產管理。是故，本章所介紹的內容，將著重於第三階段追求零不良品質管理的領域。

11.3 傳統品質保證的做法：檢查篩選——三線分立

追求零不良是每家企業均致力發展的方向，但是長久以來，幾乎沒有一家企業可以做到零不良的境界。從筆者在生產技術領域中學習、工作及輔導的經驗過程中，可將之歸納為兩大原因。其一是心態上的問題，認為零不良是不可能的事情，以及傳統的思想觀念——人非聖賢，孰能無過，犯錯是無可避免的，因而失去追求零不良的決心及毅力。其二是多年來，關於品質管理的傳統手法，大多著重在不良問題的解析及管控方面，缺乏尋找不良真因手法，所以減少不良難有大幅度的降低。另外一個重要的因素，則是傳統的品質保證做法——三線分立的觀念，使生產單位對品質的責任感較為缺乏、薄弱。

雖然常常聽到「品質是製造出來的，不是檢查出來的」說法，以及廣為流傳的品質三不原則——不接受不良品、不製造不良品、不流出不良品，工廠裡的不良率卻仍未因此有大幅度的降低。大部分的企業仍然依賴長久以來的做法——「我生產、你檢查、他重修」，將生產者、檢查者及不良品重修者，分由不同部門的不同人員擔任。這種做法筆者稱為三線分立，意即將製造零不良產品到客戶手中的工作，分由生產線、檢查線及重修線等不同單位的不同管理者負責，並認為這是很好的組織架構管理模式，由三個單位互相監控，可防止生產線為追求生產績效而檢查鬆懈，容易放水流出不良品。

上述的說法，理論上能有效阻擋不良品流到客戶手中，事實上卻不然，反會使情況更加惡化。原因在於三線分立的做法，會使生產線著重於產量的追求，而將品質檢查的工作及責任交付給品管單位的檢查人員；縱使將重修工作歸由生產線負責，仍然無法解決問題，因為生產人員會認為再怎麼用心檢查，最後的結果仍必須由檢查單位定奪；而產品只要通過檢查人員的檢驗，若有不良品流到客戶手中，就成了品質檢查部門所須負的責任。若不由不良形成的源頭做好防錯，則任何嚴格的全數檢查，仍無法確保沒有不良品，總會有漏網之魚。

11.4 APIS品質保證的做法：根源防錯——三線一體

要解決不良品流到客戶手中的第一個步驟，是要使生產單位認知不良品的流出是自身的責任，而非品管檢查單位責任辦籌，須建立三線一體的觀念及做法。三線一體是指將生產、檢查、重修三件工作整合在同一條線內，並由同一位管理者來管理。具體而言，即是成品產出後立即檢查，若有不良品須重修，也要立即重修，並找出不良真因，提出防錯方法立即糾正，以防止後續不良持續發生。

此外，品管部門則是要站在客戶的立場，代表客戶在工廠內檢驗，將生產檢查完成的成品，以客戶所要求的規則，或是更加嚴格的條件來執行抽樣檢查。所謂抽樣檢查並非全數檢查，而是指在一個批量中，依據允收水準（Acceptable Quality Level, AQL）來決定抽取多少產品來檢查，並判定本批次的產品可否接受。若是不能接受，則整批退回生產單位重新篩選改正後，重新送至品管單位再度執行抽樣檢查，直至通過為止。

如此，一但產品出貨到客戶手中時仍有不良品出現，則為生產單位及品管單位所須共負的責任。

11.5 QC 品管七手法

解決任何問題的基本步驟，就是先界定問題的現象，再找出問題的真因，接著提出問題的解方，嘗試解決並確認效果。若效果顯著，就可以此標準化做為未來工作的新標準。同理，在解決不良時，界定及了解問題的現象後，最重要的起點，就是要找出問題的真因。

長期以來，許多人包括筆者在內，所學到的解決不良方法，就是所謂QC品管七手法——查核表、直方圖、帕拉圖、魚骨圖、管制圖、散布圖、層別法。這些方法在筆者自身的使用經驗，以及在許多輔導公司內使用的結果來看，多數無法徹底減少不良率，或是無法突破，再往趨近零不良的境界發展。其主要原因有二，一是這些手法是偏重於記錄過去一段時間，例如一週、一月、一季，或是半年、一年內所產生之不良品的總不良數，分析數據，歸納問題的現象類別、趨勢及占比影響度，並進行解析。筆者將之稱為「問題解析七手法」，此舉只能了解問題的現象，而無法找到問題的真因。

真因與原因的意義不同。魚骨圖，也就是特性要因圖，或稱為因果關係圖，是用來表達造成一個結果的眾多影響因素，這些眾多的因素，就構成原因系；換句話說，許多不同的原因，會造成同一個問題的結果。在品質不良的結果中，一般歸納為六大因素（5M1E），包括人員（Man）、機器（Machine）、材料（Material）、方法（Method）、量測（Measurement），以及環境（Environment）。在六大因素下，又可以往下展開不同的次因素。

許多人在進行減少不良的改善時，經常以過去一段時間的不良率歷史資料及魚骨圖，來做不良原因的說明，並採取鋪天蓋地式的對策，認為其具有降低不良率的效果。

事實上，這種效果只是一時的，一段時間後，不良率又會回升到改善前的狀況，顯然並未找到不良的真因。

11.6 APIS解決不良的起點：真因追查七手法

魚骨圖上的原因系，是表達會造成不良品的所有可能因素。只要在眾多的因素中，有任何一個因素在執行時發生錯誤，即會造成不良品。就像是發生交通意外事故的原因有很多，但是一旦發生，為鑑定事故責任歸屬，要調查的是此事故的原因及未來的改善方向，此原因即為真因（Root Cause），而不是調查發生事故的所有原因，並全數改善。同理，生產單位所生產出來的不良品，其所要調查的是造成該不良品的真因，並單就此因解決，而非針對所有原因改善，否則不僅耗費時間、金錢，效果又有限。

然而，如何追查真因呢？這是很多人所共同疑惑的問題。筆者為此特別發展出真因追查七手法，其順序如下：

1. 五問法

五問法指要問五次為什麼。有些人一看到不良就立下結論，而未進一步探討背後是否有更進一層的原因。例如產生不良品，就說是作業員漏檢，這樣就結束了。對此，改善的措施就是加強作業員培訓、加強管理之類的做法。很少有人會再進一步探討作業員漏檢的真因，思考如何從源頭去消除不良的來源。問五次不是指剛好要問五次，而是要多次問下去，打破砂鍋問到底，直到找到真因為止。有可能問不到五次，或是超過五次，才能找到不良的真因。

2. 五現法

五現指走入現場、觀察現物、了解現實、立即現做、效果現查。在進行改善時，常發現人員喜歡看著報表上的數據資料坐在會議室裡憑空想像，憑理論述說這是什麼原因造成的，該怎麼改善才好。其效果當然不彰。要改善減少不良率的基本動作，就是改善人員要親自走入不良品產生的生產現場，實際觀察各個不良品上的不良缺陷位於產品的何處、不良的大小形狀、不良的類別特徵，並且實際了解不良產生之工序的人員操作方式、機器的狀況、物料的供應狀態、生產工序及其周邊的環境情形以及檢測的方法等，是否有值得懷疑會產生不良的來源。找出初步的可能真因時便即刻思考應採取何種改善措施，並立即試驗、查證效果。效果若顯著，表示改善方法有效，即可確定這是真因，應重新制定新的標準操作程序書。若效果不顯著，則需再重新調查，直至查出真因或是採取新的改善措施。

3. 地圖法

地圖法，又稱為斑點法，是蒐集資料，並歸納出問題真因線索的方法。傳統以來，企業都是利用查檢紀錄表的方式蒐集資訊，再加以整理為帕拉圖，用以表現不良類別的占比，屬解析問題現象的做法，對於找出不良的真因幫助有限。地圖法是將每一個不良品的不良類別及不良發生位置，標記在實物產品上。當集中許多不良特徵在同一個實物產品上時，就容易看出這些不良類別的分布狀態，是否集中在某一個位置。如是，就可以提供一些不良來源的線索。尋求不良所以集中的原因，可引導我們更進一步地探索真因的方向。

4. 比較法

比較法亦稱為層別法，是指從比較兩個，尤其是最佳與最差的不良率，從中進一步比較兩者之間的影響品質六大因素——人員、機器、材料、方法、量測，以及環境的差異所在，從中探索可能的不良真因所在。例如可以比較作業人員的工作方法的差異、比較機器測試的正確性或誤測率的差異比較材料使用來源或批次差異、比較機器型別或是狀態的差異、比較生產線週遭環境的差異。也可以比較不同班別、不同時間別，或不同生產線別等的差異。

5. 解剖法

解剖法指將不良品拆解，以觀察內部的狀況，了解不良實際缺陷的部位，以及其缺陷的現象。因為有些不良品從外觀上來看，是看不到真因所在的。若是解剖不可行，則要考慮採取透視的方法。

6. 放大法

放大法指放大不良品的尺寸以觀察不良缺陷的現象。一般會使用放大鏡、顯微鏡、投影機、監視器、電子攝影機等進行觀測。若是要觀察高速作動的機器設備，也可以用高速攝影機拍攝，再放慢速度來觀察。

7. 潛水法

潛水法是指要有耐心及毅力，在不良真因的可能性中沉潛探索。如果執行上述六個發掘真因的手法後，效果仍不顯著時，表示在上述的過程中，我們不是做得很完美。這時不要放棄，而是要持續不斷地重複上述步驟，直至找到不良真因所在。每一次的失敗，都是有收穫的，也是往成功方向更進一步。失敗表示已經驗證並非該原因造成不良品，持續下去，必能找到真因所在。

11.7 APIS 減少不良七大要領

尋找不良的真因是降低不良率的主要關卡。依據筆者的經驗，有許多的降低不良率的改善效果都不顯著，或未能持久下去，隔了一段時間後，又回到改善前的水準。主要原因不是改善技術能力不足，而是應用傳統的問題解析的手法，難以發掘不良的真因所在。在學習APIS真因追查七手法，有能力發掘出不良的真因之後，下一步驟就是要研究探討改善的對策，尋求減少不良的方法，需要改善組員共同努力嘗試，才能找到真正有效的方法。

筆者從過去輔導過的不良降低方法中，歸納出下列減少不良的七大基本要領。任何工廠，只要先掌握這七大基本要領，即可大幅降低不良率，接著解決真正的不良問題。如此一來，便可避免組員花費過多時間進行改善的工作。

1. 保持新鮮

保持新鮮意指在生產的過程中，要能使生產的產品在完成一個工序後，立即往下一個工序繼續生產，直到產品的生產工序全數完成，裝入包裝盒內為止，愈早完成愈好。換句話說，中間的在製品要愈少愈好。愈多的在製品庫存，表示等待生產的時間愈長，愈容易受到週遭環境的影響，例如溫度、溼度、粉塵、化學物質等。縱使有防止在製品受汙染的防治措施，但是效果有限，又得花費額外成本，提高儲存空間的需求。在製品過多的主因，是傳統的功能別、機器別、水平式的生產布置方式，以及大批量集中式的生產方式所造成的。

2. 迅速確實

迅速確實是指一旦有不良品在某個工序產生時，要能很迅速地知道，並且要能確實了解問題真因的所在，以便迅速改正，防止後續不良品的持續發生。這就要賦予能最早發現不良品的作業人員停止生產的權限，並請管理者盡速找出不良真因並立即改善，防止不良持續發生。不要只要求作業人員為不良品做紀錄，這會使不良品持續產生。若管理者或工程人員無法做到五現原則，無法理解親眼所睹之不良品發生的六大因素，就會失去發掘真因的機會。只是看看過去的不良歷史紀錄憑空想像原因所在並採取對策，效果當然有限。所以不是管理者或工程人員解決不良的知識或技術能力不足，而是方法不佳。

3. 力求一致

力求一致是指要保持每一個產品在生產的過程中，所接受到的製程條件都相同，保持一致性。我們都知道產品的品質之所以有變異，是由於生產過程中的六大因素，其一致性不佳所造成的波動變異。因此，我們要時時刻刻觀察保持其一致性。惟在此中，我們要有一個新的思想觀念及認知，即大批量生產方式的一致性較差，不良率較高。例如放入烤箱內的批量愈大，則每個個別產品所受的溫度及時間一致性就愈差，品質變異大，不良率就較高。

4. 不要碰觸

不要碰觸是指生產的產品在生產過程中，不要有互相接觸的狀況發生。產品若互相碰觸會造成產品的相互汙染及表面的碰傷、刮傷而形成外觀不良，必須花費檢查人力，又不能確保沒有漏檢不良流出到客戶手中；除此之外，還有重修不良的人力損失，以及可能的交期延誤。然而，一般來說、批量生產時會用容器來裝載在製品。因而碰觸就形成不可避免的事了。

5. 先進先出

先進先出指每個工序的作業員在工作時，要遵守前工序送到本工序的先後順序生產，先收到的前工序要先投入生產，生產後也要依先後順序傳送到下工序生產。保持先進先出的生產原則，就能確保每個產品所接受之製程條件的一致性。如果不重視先進先出的生產要求，則產品的變異性就大，不良也多。所以，先進先出的操作方式，也會影響到不良率的高低。

6. 同步回修

同步回修是指生產線產生不良品時，要優先處理不良品的重修，其主要目的是能夠經由重修不良品，找出不良品的真因，以防止不良品的持續發生。這樣的觀念及做法，稱為情報檢查，這麼做才能持續降低不良率。為做好情報檢查，重修的工作在APIS中是由水蜘蛛來擔任。然而，一般工廠的做法，多要求作業人員負責自己操作之工序產出的不良，並由其自行重修。美其名使作業人員更加重視品質，也才能做好品質，但這樣的立論基礎是認為不良品的產生，是由於作業人員的錯誤所造成的。筆者在進行降低不良率的改善時，卻發現不是如此。其實有八十%的不良，可由管理階層及工程技術人員進行改善，而剩下的二十%，才是由作業人員本身的疏失或錯誤所造成的。試想，生產線的檢查工作只是在判定是否為良品，作業人員若被要求重修自己的不良品，同時又要維持原有的正常品生產工作，由於時間有限，多數情況下只能匆匆地重修，無法也無能力去探討不良的真因。只是檢查篩選下來的不良品，並進行重修的工作，而沒有就過程中發掘不良的真因，就稱為篩選重修，對不良品的降低是沒有幫助的。

7. 根源防錯

根源防錯指要從不良產生的源頭工序，思考如何建構防錯裝置，縱使不熟練的作業人員，亦無須耗費多餘注意力進行工作，也不會有不良品的產生。然而，某些減少不良的改善過程及對策，卻是如下的敘述：不良原因是作業者疏失，改善對策是加強培訓、加強注意力、加強管理。這是不好的過程及方法，好像一切過錯都是作業人員的責任。如果每一件工作都要依賴作業人員的注意力才能做好，無法確保零不良了。因為任何人都難以在一天八小時的時間內，永遠保持良好的注意力，總有疏失而產生不良品的時候。如何建構防錯裝置，筆者從過去的經驗歸納出根源防錯十原理。

11.8 品質保證的源頭：根源防錯十原理

在生產階段的零不良管理方面，前文說過不良的產生，八〇％是管理層及工程技術面的不佳所造成的，而二〇％是作業人員所造成的。而作業人員造成的不良，主要有二個原因，一是做錯了，另一是忘記了。然而作業人員做錯了或是忘記了，也都與工程技術的選用及設計有密切的關係。因此，我們要思考設計一些防錯裝置，創造作業人員不會做錯又不會忘記的工作環境方法。該如何去設計防錯裝置，筆者歸納出以下的根源防錯十原理。

1. **異形原理**

異形原理是指利用不對稱性，形狀有異的，或是擋塊的設計，來協助判定正反、左右、上下等方向性的方法。這是應用非常廣泛的方法。例如各種電器用品連接線等，皆屬之。

2. **對稱原理**

對稱原理則與異形原理相反。這是指設計產品時考慮對稱性，無須考慮方向性正反性都可以生產，或是減少零組件的類別，亦能減少取用錯誤的狀況發生。

3. **保險原理**

保險原理又稱為連動原理，或稱互鎖原理，就像是銀行的保險箱一樣，必須同時有銀行的鑰匙，以及租用人的鑰匙，兩把同時插入，才能打開保險箱。在生產中也可以思考設計成前工序的加工動作沒有完成時，下一工序的機器就無法啟動。這樣的設計必須配合一人多工序操作的真龍線生產方式，才能有機會應用。

4. 順序原理

順序原理是指將要使用的零組件或是工具及道具，依照使用的先後順序，由右往左順序排列。同時也要考慮置放物料的 料盒設計，須為正面窄、縱深可長，以便將各工序所需的各種材料置放在作業者正前方，有助於動作順序的正確化。要避免放在作業者的左右側，以及彎腰拿取物料的動作，這種動作容易造成錯誤。

5. 自働原理

自働原理有兩個層面的意義，一是要儘量思考研究可否將純粹手工的工作改機械式、半自動式、全自動式的機器設備來生產，以避免人工式生產的一致性較差，容易受到各個作業人員能力差異的影響。另一是要思考、研究、使用感測器、技術來設計防錯裝置。這些感測元件有許多不同的功能可以選用，例如重量、尺寸、方向、缺件、壓力、溫度等等。

6. 層別原理

層別原理就是分門類別的意思。盡量不要把不相干的物品放在同一處。例如同一條生產線要生產許多不同的產品，如可，要分成幾條小線，每條線只生產一種類別的產品以免混淆。又如在工作時，不使用的各種物料、工具要移開，避免誤取、誤用的情況發生。設定機器設備的參數資料也要使用專為某種產品設計的參數表，不要一張表供許多不同的產品使用，很容易出差錯。顏色也是用以區分層別的極佳工具，例如用不同的顏色來代表不同的物料狀態。

7. 對比原理

對比原理指利用相對差異大，容易區別兩種不同的東西的原理。例如同樣的零件或部件，若是尺寸有大小的區別，為了避免混料不容易區別出來，則可以安排成大小交替置放的方式，以利分辨。利用不同的顏色不但是層別原理的應用，也是對比原理的應用。

8. 配套原理

配套原理是指物料的供應，要考慮以一個產品所需之不同零、部件個數的倍數來供應。如果在整個配套的供應下，最後有某個零件仍遺留在料盒內，但其他的零件已全部耗用完畢，表示先前生產的產品中，有遺落零件的不良品存在，讓作業人員提早發現，而得以重檢過去的幾個產品。通常配套的套數選擇，會以成品外箱所能夠容納的件數為準。例如一個外箱可以容納十二件產品，則配套的套數，可以十二件為單位，來安排配套供應。

9. 隔離原理

隔離原理是指隔開、分離的意思。例如在切換不同產品，或是不同規格時，可以使用不同顏色的容器，或是用一個隔離板來區別不同的物品，防止誤用。例如有不同的材料混雜時，除了採用不同顏色之容器蓋子的層別原理外，亦可應用隔離原理，將要使用的材料蓋子打開，而不使用的材料的蓋子保持封閉，以防止誤用。

10. 緩衝原理

緩衝原理是指在批量生產，產品不得不堆疊時，為了避免產品彼此之間接觸撞擊的力量，而導致不良品的產生，可以設計降低衝擊力量的緩衝設計製造方法，或是批量搬運之保護材質的選用。

11.9 零不良品質管理的配套措施

在生產階段的零不良管理，除了確保零不良的製造技術改善外，還有一些表面上與不良減少或是品質提升沒有直接關聯，但是卻有極大間接性影響關聯的生產管理措施。

1. 建構真龍小線

前述所言要掌握減少不良的七大要領，或許大家都能明白。但是，要如何做到，才是真正關鍵所在。這與生產線的布置排線及作業方式有密切的關聯性。如果生產線的布置方式，仍然採用機器別、功能別的集中式、水平式布置，大批量生產及搬運的方式，要達成減少不良的七大要領，就有很大的困難度，幾乎做不到。

要做到減少不良七大要領，就要改變生產線為多條真龍小線的布置方式。這是以產品別一個流的生產方式，包括三一重點方向：一個化作業生產及傳送產品、一貫化連續流的流程、一體化主流及支流同步生產的方式來進行生產活動。詳情可以參閱前面章節。

筆者就以一個實際的改善事例來說明。筆者曾輔導一家高科技產品的工廠，其生產環境必須要是最高等級的無塵室。改善前，整個工廠的生產線布置方式，就是常見的傳統機器別、功能別、水平式集中大批量生產、大批量搬運方式。同時，為應對客戶的短交期生產需求，遂建立二個中間階段的在製品庫存倉庫及半成品庫存倉庫，以滿足客戶要求。同時，作業人員及其他人員，要進入無塵室的生產場所時，必須更換無塵衣鞋、戴上口罩及手套，再經由氣浴室吹淨，才能進入無塵室。然而，雖嚴格控管無塵室的進出，但是不良率仍高達五十％，報廢率十％，而難有下降。

最後，該工廠將生產線改為以產品別的真龍小線後，在使用原有機器設備、原有操作人員、原有材料、原有製造技術及原有無塵室內生產的情況下，結果令人大驚。不良率竟降至十％以下，報廢率僅為一％，且取消了半成品庫存的倉庫，生產交期縮短至二天。

2. 做好5S環境管理

5S環境管理是指對於工廠的工作環境要打掃乾淨。整理出不要的東西，使工作環境清潔、一目了然，能正確迅速取得必要的物品及歸回原位。同時，要教導每位員工都能有禮節守紀律。它是任何一家公司都必做的管理工作。清潔的工作場所與井然有序的工作安排，有助於減少作業錯誤，以及產品不良發生的潛在機率。有關5S的詳細內容，將在後續的章節中介紹。

3. 做好標準操作程序書

標準操作程序書已經成為各行各業管理的必備文件。這些文件大多來自客戶的要求，或是為了申請某證照而被動做出來的。因此，抱著只要能通過外界審查即可的心態而寫成的標準操作程序書，對於減少不良的貢獻相當有限。

筆者經常在工廠內看到標準操作程序寫在一張只有A4尺寸，甚至更小的紙張內，這樣的方式使人產生疑慮。怎麼可能僅用一張A4的紙張，就完整說明工序的操作程序呢？再仔細一看，這些標準操作程序大都是只寫出作業要求，以及完成的產品應檢查什麼項目，可說是「結果面」的標準操作程序。這種寫法並不完善，一個好的標準操作程序書，重點應在要求「過程面」的表述，敘述正確作業的過程，以及注意會影響工作效率及品質好壞的重點，使作業人員在學習此工序工作時，可正確做出良好的產品。所以，一份好的標準操作程序的表述內容應該明示其工作的目的、適用範圍、使用機器設備和設施名稱、使用材料之名稱、操作的過程、過程中應掌握的效率及品質的重點、異常狀況發生時的處置等。

4. 設立品質重點書

相信許多公司都有標準程序書，而且都寫成在一張Ａ４的紙張內。而這些標準操作程序，都是如上節所述，以結果面的品質檢查的內容敘述較多。當筆者要求其改為加強過程面的敘述，以做好品質、減少不良時，多數人都會面有難色，甚至反問筆者：「如要書寫這麼多內容，一張Ａ４的紙張不就寫不下了？」筆者回應道：「為什麼不能寫成多張，誰規定只能寫成一張？」對方又回答：「寫成多張就沒有地方掛出來了。客戶或是品質認證的人員，要求必須掛出來給作業人員閱讀。」筆者又問：「作業人員什麼時候要看？」對方答道：「有問題的時候要看。」筆者說：「要看的話，也可以放在工作檯下方，有問題時拿出來看即可。字寫得那麼小又多，距離如此遠，又怎麼容易看得清楚呢？」原來將所有內容寫在一張Ａ４紙張上，都是為了客戶或認證稽查人員的需求，而失去標準操作程序的意義了。

筆者認為，必須掛出來的是「品質重點書」，即從標準操作程序裡再摘要列出三大品質過程重點，以及三大品質檢查重點，或是近期某工序須加強的品質過程及檢查重點。它的內容隨時可以更新變動，並非一成不變，主要是給管理人員及作業人員閱讀之用。

5. 設立人為疏失表及品質關心旗

人為疏失表是用來記錄每一位作業人員在工作時，由於個人疏失，而造成不良品的產生。每位作業人員都須有一張表格，以管理生產品質水準的狀況。這是在檢查人員篩檢出不良品，並經由水蜘蛛重修後，確認是哪個工序、哪一位作業員的疏失所造成，在通報管理人員了解確認後，再由其去記錄於此表內。同時配合設置三面「品質關心旗」，放在前一天發生疏失前三名的的作業人員工位上，提醒管理者在今天要多關心三位作業人員的品質狀況。

6. 設立品質信號燈

品質信號燈通常是應用三種不同顏色的燈光，來表示一條線從今天上班的第一個小時起，至現時的前一個小時為止，生產線的整體不良率狀況。品質信號燈通常由生產線管理者，更新每小時生產管理表時一併更新。綠燈表示優於過去的平均值十%以上，紅燈表示劣於過去的平均值，黃燈表示在兩者之間。這些燈號是讓現場管理者，或是更高層級的其他管理者，一眼即可知道每條生產線由開工至前一小時的品質狀況。若有出現紅燈的生產線，管理階層人員要立即前往，快速了解不良的真因，並且採取矯正措施，以防止不良的持續發生。

7. 容器及置場管理

在生產現場中經常放置許多不同的狀態的物資。一般工廠對於這些物資是用什麼樣容器裝載、如何放置，多不太講究，因而經常發生取錯物資，產生許多尋找的時間浪費。為避免這些情況發生，筆者通常會運用顏色目視管理的方式，來解決這些困擾。筆者制定了如下的顏色目視管理規則。

◆綠色容器：廠內的在製品。
綠色格位線：加工完成品置放位置。
◆藍色容器：供應商的來料。
藍色格位線：加工前來料置放位置。
◆黃色容器：待重修不良品。
黃色格位線：不良待重修置放位置。
◆紅色容器；要丟棄的廢品。
紅色格位線：廢品及垃圾置放位置。

8. 治具化

手工作業時，因為是純手工的工作，容易受到作業員工作技能熟練度的影響，不但要多花費時間，品質變異的波動幅度也很大，不良率容易時高時低。通常我們可以設計一些輔助工具，稱為治具（Jig），來協助作業人員做好品質，減少不良的發生。這些治具都須由工程技術人員或是管理人員共同研發設計。

9. 設置重修水蜘蛛

在ＡＰＩＳ的品質管理方面，特別強調不良品的重修，要由另外一位專人處理，此專人就稱為重修水蜘蛛。當筆者提出這樣的見解及做法時，往往遭到很多人的反對，認為這樣做的話，作業人員就沒有品質意識，將會產生很多不良。這樣的見解，就是筆者常說的，將一切不良的產生都歸咎於作業人員的錯誤。一般傳統工廠都會要求作業人員自行處理不良品的重修工作。但是長久以來，不良率都還是居高不下，表示這種管理方式不是好的方式。

設置重修水蜘蛛的目的，在前文已經說明了，希望能夠做到快速的情報回饋，找到不良真因，迅速採取矯正措施，防止不良持續發生。如此一來，就能降低不良率，朝零不良邁進。而這些降低不良的工作，八十％都是工程技術人員及管理人員可以貢獻的地方，不要把不良的減少都歸為生產現場作業人員的責任。

10. 快速切換

切換的工作及次數也會對品質產生影響，每次切換後都必須再重新試做檢查。傳統的做法是以大批量生產來減少切換次數，這是不好的方式。APIS強調要有多回少量生產及多回小批量切換的能力，切換時間愈短，就愈能減少試做調整的工作，不良降低，品質也較穩定。所以，快速切換對於零不良的實現也是有貢獻的。

第十二章　現場管理的改革：5S環境管理與目視管理

常見傳統做法：清掃美化管理、歷史資料管理、每小時記錄

APIS創新做法：5S環境管理、顏色目視管理、每小時管理

12.1　生產現場管理的基礎：5S環境管理與目的

生產現場管理是製造業的基礎管理，就像是蓋房子一樣，要先打好地基，有了好的地基做為基礎，才能有穩固的建築物。生產現場的基礎管理若做得好，才能輕鬆進行後續的其他管理工作，例如品質管理、保全管理、物料管理、進度管理等，都與生產現場管理有所關聯。而所謂好的基礎管理，是指易於揭露生產問題的管理方式。這種管理方式的主要技法有二，一是5S環境管理與目視管理，另一是倉儲管理與先進先出管理。本章將先介紹5S環境管理與目視管理。

12.2 何謂 5S 環境管理

5S環境管理，是日本企業界所創導的現場管理方式。所謂現場，就是進行工作的場所。5S是由日文五個漢字名詞開頭而來，包括整理（せいり，Seiri）、整頓（せいとん，Seiton）、清掃（せいそう，Seiso）、清潔（せいけつ，Seiketsu）及身美（しつけ，Shitsuke）。

5S生產環境管理與傳統生產環境管理只著重打掃乾淨、美化工作場所的內涵相比，增添了許多不同的層次，期望能透過這些做法，間接地對於不良減少、降低機器設備故障頻率、人員生產效率的提升、工傷意外的減少，以及管理的容易化產生貢獻。

5S的五個漢字名詞，其字面意義近似，但內涵卻有著很大的區別。以下就這五個不同的S的內涵，依據實施的步驟順序進行介紹。

12.3 整理的意義及手法

整理是5S實施的第一個步驟。整理的主要任務，是區分「要與不要」的物品。要的物品是指現時工作上所需要的東西，包括材料、工具、模具、機器設備、標準操作程序書等。不要的物品則指現時工作中用不著的物品，又可將之分為兩種狀態，一種是從此以後再也不需要的物品，另一種則是現時工作中不使用，但日後還再會重新利用的物品。

現時所要的物品，以及現時不要，但日後仍須使用的物品，都必須做好整頓的工作。如何做好整理，也是一個重要的起點。常用的方法為「紅單法」。

紅單法的執行方式，是在整理時組成小團隊進行物品的判別，將明顯可丟棄的物品移出工作場所，送至垃圾場或廢棄物集中區。但是，對於無法立即判定可丟棄或須保留的疑慮物品，則可用紅色的紙標明該物的基本資料，貼於其上，並轉移至紅單物品放置場所，日後再請相關單位做進一步的判定。若是大型機器設備不知是否要移走，也可以先貼上紅單，日後再判定是否要移出。

12.4 整頓的意義及手法

整頓是指將要的，或是要儲存的物品，維持在容易尋找及歸位的狀態，以減少找尋時間的浪費，並避免誤取，可間接防止不良的發生。整頓的手法，可依據對象的不同，區分為數種方式，說明如下。

1. 物料整頓

物料的整頓是要應用倉儲管理的七定化手法來做好。七定化是指定格化、定碼化、定色化、定量化、定席化、定不化、定序化。有關七定化手法的詳細說明會在下一章介紹。

2. 設備整頓

機器設備的整頓，主要是要使機器設備的可動率要高，自主保全容易做到位。常見的方式如下：

◆限界化：標示出上下界限的正常範圍，超出界限表示異常現象。例如壓力表、油位表、溫度表、對位線等。

◆易現化：使異常現象容易顯現出來。可以裝設各種偵測方式，來判定正常或是異常的現象。例如洩氣、漏水、漏油、歪曲、震動、位移等。

◆透明化：若是必須進行點檢的部位位於機器內部，必須打開門扇才能了解情況，不僅花費較多時間，也難以迅速發現異常。這時必須改善為具穿透性的方式，使點檢工作易於執行。

3. 工具整頓

工具的整頓也是要追求能以最短的時間取得工具及使用後可以正確迅速歸回原位。通常可以考慮下列的方法：

- 顏色化：用相同的顏色表示同一類別的東西。例如加油時如擔心加錯油種，可用相同顏色的油漆，分別漆在機器的給油口、注油槍及油桶，易於判斷一致性，減少時間耗用及加錯油的機率。
- 組套化：組套化指若有些工具是針對某一台機器設備專用，則把這些工具做成配套的方式來儲存管理，不要分開成為個別工具的管理方式，可以減少找尋取放的時間及拿錯工具的狀況發生。
- 形跡化：形跡化指將要儲存保管的各種工具，平面展開掛在牆板上，並在牆板依據各個工具的外形畫出其輪廓，有利於快速取得工具及歸回原位，同時，也可以做為工具是被取出使用中或是遺失的目視管理的方法。
- 近身化：近身化指工具離使用者愈近愈好。機台別的專用工具最好就放在機台旁邊；個人專屬的工具，如可行，最好能夠隨身攜帶。

◆道具化：如工作時須使用多種工具，可思考能否合併多種用途，改造或製作專用器具，以減少工具類別，進而減少工具取放的時間。

◆徒手化：徒手化就是不使用任何工具，僅靠雙手即能進行工作的方法。它是工具整頓的最高境界。

12.5 清掃的意義及手法

清掃即是打掃乾淨，看似無什特別，但一般常見的「打掃乾淨」，多數僅就工作位置可見的表面粉塵清掃乾淨，而其他隱藏在機器內部，或是須打開門扇才能看到的髒汙，以及四周牆壁或高空設施管線，大都沒有好好清掃。主要原因是時間有限，無法全部做到。對此，可應用下列手法來進行清掃：

◆蠶食法：蠶食法是將工作的場所的清掃工作分為兩大部分，同時，也將作業人員分成兩部分。第一部分的作業人員負責每日清掃的部位，這些部位必須每日進行清掃工作。第二部分的作業人員則負責定期清掃的部位，這些部位無須每日進行清掃工作。定期清掃雖不須每日進行，但作業人員仍須每日清掃不同部位，或是將同一部位分段打掃，例如每週、每月，或是每季一次，清掃機器內部、工作場所的照明燈具、牆面等處。

◆效率法：效率法是指思考如何花費較少的時間，來完成清掃的動作。例如用吸塵機清掃，而不要使用其他會引起粉塵飛揚的方式，如使用氣槍吹去粉塵，只會將粉塵吹到他處，而無法清除汙染源。

12.6 清潔的意義及手法

清潔是要將上述三個S保持容易維持的狀態。具體來說，就是希望能夠用最少的時間，做好整理、整頓、清掃工作。畢竟生產線的主要工作是要生產產品，所以必須兼顧5S環境管理與生產績效。因此，要先分析5S的工作中，有哪些是花費時間較長的動作，須加以改善，並減少時間的花費。以下是一些可以應用的手法：

◆曝光法：曝光法指使問題容易被發現的方法。例如設定物料儲存管理的方法時，規定凡是物品放置於地面，就必須放在格位線內，若有任何物品未放在格位線內時，就表示有異常現象，必須立即了解原因，並加以改善。

◆根除法：根除法是從汙染的源頭進行消除，此為最佳方法。此方法通常須由工程技術層面改善，例如加工時產生的灰塵，可否加裝吸塵裝置，減少灰塵飛散的範圍，或以加濕的方式減少此情形。

◆圍堵法：圍堵法是將汙染阻絕在限定範圍內，不要擴散到其他的區域。例如機器加工切削時產生的鐵屑切削水等，用圍板或門板阻絕飛散。

12.7 身美的意義及手法

身美是中文「身」與「美」結合在一起的獨特日語漢字「躾」，意為教養、素養，或亦可稱為美身。不過筆者仍然喜歡稱之為身美，因為可以表達原有的意義。身美著重於每個人品德上的提升活動，是5S活動中最後一個S，也是最重要的一個S。因為身美做得好，前面四個S自然也能好好維持。身美可分為外在美與內在美，外在美指每個人都要注重儀表服裝的整潔乾淨，內在美則是指每個人都能守紀律、有禮節、習慣化。以下是一些主要的手法：

◆招呼法：招呼法指每個人在任何時間點，偶遇同事時，都能打招呼。不論是口頭上的問侯語或是點頭、微笑的肢體語言皆可，用以表達每個人的友善態度。不要有無視、冷漠、無表情的態度表現。

◆標準法：標準法是指在工作上，任何一件事都要制定標準操作程序書，使每個人都有一定的標準程序可以學習及遵從。

◆傳承法：傳承法是指良好的工作方法或禮儀，要傳承下去。每位新進員工進入公司時，都必須先經過這些標準的培訓，使之適應新的環境要求。

◆對比法：當錯誤動作或是行為發生時，除了指正其錯誤之處，同時要提出正確的方式，使其容易對比差異之處，更容易改正缺失。

◆習慣法：習慣法指要養成良好的5S習慣。經常看到企業不斷導入各種不同的改善活動，但是都不能持久，開始的時候轟轟烈烈，但隔不了一年就無聲無息，只有三分鐘熱度。習慣的養成需要長久的累積才能改變，形成新的習慣，成為每人每天必須做的習慣。就像每天都習慣刷牙洗臉，5S也要成為企業中每人每日所要習慣做的事。

12.8 何謂目視管理及目的

目視管理（Visual Control／Management），簡而言之就是用眼睛看的管理方式。它是一種即時動態的生產現場的管理方式，與傳統著重於生產紀錄的蒐集，或是以電腦自動蒐集資料做出報表紀錄的現場管理方式迥異。傳統方式通常會記錄蒐集過去一段時間的歷史性資料，再整理成管理報表，是「落後管理」的概念，只能得知過去一段時間的實際結果表現，而無法即時掌握問題的真因並迅速採取改善行動。目視管理可即時得知現時生產狀態表現的結果，了解是否有異常狀況的發生，使管理者能夠迅速採取改善措施的行動，避免問題持續惡化。

目視管理強調立即發現是否有異常狀況的發生，是一種異常管理的方式。在正常情況下，管理者無須動作，只有在異常時才要進行處置，因此也稱為例外管理或是重點管理。也有者稱之為牛仔管理，因為管理者就像是牛仔，當牛隻脫離方向，牛仔才會對之採取行動，趕回正確的方向。

12.9 顏色目視管理的應用

在目視管理中我們特別強調要能夠在生產現場中，任何一位管理者只需抬頭看一眼即可知道何處有異常的現象發生。而採用不同的顏色來代表不同的生產現場的狀況，是一種常見的簡易的方法，稱之為顏色目視管理。筆者經常使用六種不同的顏色來表示不同的狀況，且依由優而劣的順序，依序為綠色、藍色、黃色、紅色、白色、灰色。其應用領域如下。

1. 順序的目視管理

順序的目視管理，是以不同的顏色來表示先後的次序。綠色代表一、藍色代表二、黃色代表三、紅色代表四、白色代表五、灰色代表六。

2. 時間的目視管理

時間的目視管理，是以顏色來代表不同的時間的區分。對於物料庫存的入庫時間點，或是生產中的產品投入的時間點，都可以應用。

綜合以上二點，可歸納出不同顏色所代表的順序與時間，如同下表：

代表項目／顏色	數字	小時	週	週次	月分	季度
綠色	1	第 1、7、13、19 小時	週一	第 1 週	1 月、7 月	第 1 季
藍色	2	第 2、8、14、20 小時	週二	第 2 週	2 月、8 月	第 2 季
黃色	3	第 3、9、15、21 小時	週三	第 3 週	3 月、9 月	第 3 季
紅色	4	第 4、10、16、22 小時	週四	第 4 週	4 月、10 月	第 4 季
白色	5	第 5、11、17、23 小時	週五	第 5 週	5 月、11 月	
灰色	6	第 6、12、18、24 小時	週六	第 6 週	6 月、12 月	

3. 儲位的目視管理

儲位是指儲存物品的場所。物品的儲放狀態若能用顏色加以區別，對於物品的管理有很大的幫助。尤其是放置在生產現場地面上的物品的位置，最好能夠以不同顏色的格位線，做好定位定量的管理。

- 綠色：代表成品或是加工後的在製品的放置位置。
- 藍色：代表材料或是加工前的在製品的放置位置。
- 黃色：代表通道或是重修品、待判品的放置位置。
- 紅色：代表報廢品、丟棄物及垃圾桶的放置位置。
- 白色：代表以上各項以外的物品放置位置。例如空箱、搬運台車、布告欄架等。

4. 容器的目視管理

容器泛指用來裝載物品的器具。除了應用上述的儲位格位線的顏色目視管理外，再加上容器的顏色的不同，來代表不同狀態的物品，對物品的目視管理有加乘的效果。

◆ 綠色：代表廠內生產中的在製品。
◆ 藍色：廠外從供應商購入的材料物品。
◆ 黃色：廠內生產中的不良品，等待重檢或重修的在製品，入廠等待檢驗的材料。
◆ 紅色：廠內生產所產生的報廢品或是垃圾物品。
◆ 白色：其他與生產中的產品材料之外的物品。

5. 設備的目視管理

用來表示自動機器設備在生產中的停機的原因別及處置人員的區別的目視管理工具，也就是 Andon 警示燈的運用。

◆ 綠色：代表完成加工的物品已滿量，須做更換。作業員須前來處理。
◆ 藍色：代表供應的材料用完必須補充，作業員或水蜘蛛須前來處理。
◆ 黃色：代表機器設備故障，管理者及維修員須前來處理。
◆ 紅色：代表產品的品質有問題，作業員及管理員須前來處理。
◆ 白色：代表要做換模切換或定量定時檢查或更換的工作，作業員及換模水蜘蛛須前來處理。

6. 保全的目視管理

在全員生產保全中，有關作業員的自主保全及維修員的計畫保全，也可以運用顏色的標示牌，來做為保全項目的部位、順序及頻率的目視管理的方法。

- 綠色：代表每班一次的保全項目。
- 藍色：代表每天一次的保全項目。
- 黃色：代表每週一次的保全項目。
- 紅色：代表每月一次的保全項目。
- 白色：代表每季一次的保全項目。
- 灰色：代表每年一次的保全項目。

7. 人員的目視管理

生產現場經常有許多人四處走動，如無法分辨這些人負責的工作，將使現場管理者難以判斷其為應走動的人員，或不應離開工位工作的人員。應用不同顏色的標誌區分，例如帽子、臂章、上衣或制服，易於辨別，也可以發覺潛在的問題點。

◆綠色：代表生產現場的管理階層人員。亦可用顏色深淺表示不同層級的管理者。

◆藍色：代表負責供應材料、消除在製品積壓、重修不良品、頂替暫離工位之工作者的水蜘蛛人員。

◆黃色：代表維修機器設備的維修人員，以及從事清潔工作的人員。

◆紅色：代表負責品質檢查及稽查的人員。

◆白色：代表內勤行政工作的人員。

◆灰色：代表生產線上的作業人員。

當作業人員有需要離開工作崗位，例如上洗手間、喝水時，必須先向管理人員提出要求，由水蜘蛛頂位後，戴上橘色的識別標誌才可以離開工位。管理者若發現著灰衣的作業人員，沒有戴上橘色的識別標誌就離開工位時，必須立即了解其離開的需求，並找出原因加以改善。務必使作業人員都能安定地在其工位工作。

8. 求助的目視管理

原則上，作業人員要在工位上，工作才有產出量。上文也提到當作業人員有需要其他人員來協助時，也能不離開其工位，而籲知他人前來協助。因此，我們可以設立作業人員的求助目視管理方法。利用類似機器設備的 Andon 警示燈，在每一條線上設立求助蜂鳴器，並在每個工位上設置代表不同需求的顏色標誌。當作業人員有需求時，先按下蜂鳴器，並顯示出代表需求類別的顏色標誌。協助的人員聽到蜂鳴器的聲音，再看那個工位出現何種顏色的標誌，即知何人要去何處協助何事了。

- ◆綠色：請求管理人員前來協助有關工作上困擾的事。
- ◆藍色：請求供料、消除在製品積壓、離崗頂替、重修不良品的水蜘蛛來協助。
- ◆黃色：請求維修人員協助解決機器設備故障或異常現象的問題。
- ◆紅色：請求管理人員或品管人員，協助解決有關品質方面的問題。
- ◆白色：請求技術人員或是水蜘蛛來進行換模切換的工作。

9. 進度與品質的日視管理

進度管理是指生產線的每小時實際產量與計畫產量的差異管理。每小時生產管理表，是由生產線管理者在每一小時結束後，立即查證這一個小時的產出量與計畫量，同時也將這一小時的不良數記錄在每小時生產管理表內。若有異常時即須查明原因，並採取相應措施改正，使下一小時的生產量及不良數能夠降至可以接受的範圍內。這些異常的定義如下。出現一個紅燈或是連續兩個黃燈時，最基層的管理者要立即查明原因改善。連續兩個紅燈或四個黃燈則要通報上一層的管理者來協助改善。連續四個紅燈或是八個黃燈則要請改善小組來協助改善。產量及品質要分別設立各自的目視管理信號燈。

- 綠燈：實際產量有達標。不良率為上週平均值的九十%以下。
- 黃燈：實際產量達計畫量的九十%以上。不良率為上週平均值的一百%以下。
- 紅燈：實際產量為計畫量的九十%以下。不良率為上週平均值的一百%以上。

12.10 其他的目視管理工具

除了上述的顏色目視管理的應用範圍之外，APIS 還使用下列的目視管理的工具，使生產現場更容易發覺問題，更容易管理。

1. 工序資料表

工序資料表是在每一個機器設備或工作崗位上，明示該工序的流程順序號碼、工序名稱、產距時間、週期時間及其他的時間資料和加工批量。此表可以明示整條生產線的安排是否能夠呈現連續流的狀態，以及瓶頸工序的所在。

2. 效率關心旗

效率關心旗是指在現況下，週期時間最長的前三個工序別，或是作業員生產速度與標準落後最多的三個作業人員，或是培訓中的新進作業人員，都可以插上綠色為底的旗幟，以提示管理者要優先關注此三個工序或是作業人員，不要有任何的因素造成生產停止的狀況發生或是生產速度的落後。同時，也要改善減少其週期時間。所謂週期時間是指平均實際完成一個產品所需要的時間。

3. 品質關心旗

品質關心旗是以紅色為底的旗幟，用以關心因疏失而造成不良之頻率最高的作業人員。一條生產線上可有三面旗幟，放在前一天生產線上產生不良率最高之作業人員的工位上，以提示管理者要多關心這位作業人員的品質狀況。不良率的資料是來自於另外一個目視管理的工具——人為疏失表。

4. 作業重點書

作業重點書是指示每一位作業人員在現時工作上要注意哪些重點事項。它也可以做為管理者到某一工位時，應關心的作業人員工作重點，是為很好的目視管理工具。作業重點書的內容要包括四大重點：安全重點、品質重點、效率重點、5S保全重點。每個類別的重點只能列出最重要的前三項，不要太多。同時，每一項的字要大，字數不超過十個字，作業人員只須抬頭看一眼即知其內容。

5. 人為疏失表

人為疏失表是每一個作業員都要有一張，來記錄作業人員所操作之工序的不良模式。雖然名稱為「人為疏失表」，但是不表示所有的不良品都是由於作業人員的錯誤或技能能力不足所造成。此表是讓管理人員知道哪位作業人員的工序不良較多，應多關心該作業員所操作的工序，並且發覺不良真因並加以改善。

6. 後拉式生產看板

後拉式生產看板在前面的章節中已經介紹過了。後拉式生產看板除了用來管控前後離島工序的在製品庫存外，也具有目視管理的功能。在後拉式生產看板的生產體系中，所有物品皆須附有看板。若有物品，卻無看板，就表示這是多餘生產的物品。管理者看到這種現象時，要能夠了解原因，並加以改善，以防止生產過多或過早。

7. 多能工訓練計畫表

多序工及互助工是在APIS中非常重視的一個議題。這是為了使生產線富有彈性，可以靈活安排作業人員數，調整生產速度以符合訂單的需要量，並使前後工序的作業人員能相互協助，以保持生產線的動態平衡，達成目標產量及人員效率。所以，在每一條生產線上都要設立多能工訓練計畫表，橫向列出所有工序或技能名稱，縱向列出所有作業人員的姓名，形成一個矩陣表格。在每一個格位上記載作業人員對每個工序或技能的熟練等級及計畫培訓的年分月分，以充分了解每一位作業人員的多能工能力。

8. 每小時生產管理表

每小時生產管理表用以管理一條真龍小線，每日一張表格，每一個整點由生產線的管理者就該條線的實際產出量，與該小時的計畫量相比較的差異量，不良數數量進行記錄，並且標記結果的代表顏色。若差異過大，就要立即採取改善措施，避免問題繼續存在或是惡化。

9. 生產績效趨勢圖

生產績效趨勢圖是每月一張，每日記錄一筆資料。每日記錄前一日由每小時生產管理表所得的一日良品產出量、投入生產人工小時數、不良數及不良率，並畫出三種生產管理指標，產出量、勞動生產力、不良率的圖表，可以看出這一個月三種指標的趨勢圖的走勢，以及這三種指標由月初迄昨日為止的累積產出量、平均勞動生產力及平均不良率。

10. 標準作業排線圖

標準作業排線圖是用來表示真龍小線的標準作業安排。標準作業數據資料包括每小時的目標產出量標準、機器設備的生產線布置排線圖作業人員的需求人數標準，以及每位作業人員應負責操作工序數量與操作工序的動線順序，也標示水蜘蛛的需求人數標準。此外，標準作業排線圖也會標示每個工序的必要的在製品數量標準，亦稱為「手持量」。標準作業排線圖可以讓生產線的管理者了解生產某產品時，所需的標準人員、機器、手持量的配置安排狀況，有利於切換產品型別時的快速切換及日常管理之用。

上述的多能工訓練計畫表、每小時生產管理表、生產績效趨勢圖及標準作業排線圖，都應張貼在每一條真龍小線的「生產線目視管理板」上。

第十三章　倉儲管理的改革：倉儲管理七定化與先進先出七手法

常見傳統做法：定物要定位、年終盤點、中央倉庫、成品倉庫、料多缺料

APIS創新做法：定物不定位、動態盤點、分散倉庫、成品走庫、料少不缺

13.1 倉儲管理的意義及目的

倉儲管理是指倉庫儲存物品的管理工作。倉儲管理的對象很多，包括材料、半成品、成品、機器、模具、文件資料等等。實施倉儲管理的大前提，是先將庫存的數量降低，愈少愈好。尤其是材料及半成品庫存的降低，更是所有企業的首要之務。降低的方法，可參考前文的多條真龍小線生產方式，以及後拉式看板生產方式。降低庫存後，再進行倉儲管理的工作，就相對容易許多。但是，我們要先了解倉儲管理的目的為何，才能有一個明確的方向改善。進行倉儲管理時，通常會追求下列的目標。

1. 料少不缺

所謂料少不缺，就是指庫存的數量要愈少愈好，但又不會少到使生產線缺料停產。一般倉儲管理人員都擔心因缺料導致生產線停產，所以都會抱持寧多勿少的心態，而且大量採購某些物料時，又可有價格折扣，因而喜歡大批量進貨；加上公司內部的高層決策者有時會認為倉庫空間足夠，資金也沒有問題，所以不在乎庫存的高低。因此，常見有部分物料庫存過多，而部分物料卻缺料的情形，在在印證了傳統倉儲管理的缺陷。

庫存過多有許多不好的地方，例如積壓資金、占用空間、增加管理工作、先進先出管理困難、材料品質變質影響產品品質。更嚴重的問題是，過多的庫存在APIS中，會被視為無駄浪費的萬惡之源，因為它掩蓋了許多管理上的潛在的問題，讓企業失去改善及提升競爭力的機會。

在APIS中所要追求的，是打破魚與熊掌不可兼得的傳統想法——一旦減少庫存，就可能會缺料。其實，運用多條真龍小線，以及滾動十三週生產計畫的方式，就能魚與熊掌兼得，將庫存降到最低，而不會有缺料的狀況發生。

總而言之，料少不缺的達成，不是依賴倉儲管理單位，而是與採購生產計畫及生產現場單位有密切關聯。

2. 料帳相符

料帳相符的意義指實際上的庫存數量要能夠與帳目上所記載的數量一致，不要有誤差。其主要目的是不希望因料帳不相符，而造成物料過多無駄，或過少缺料而停產，造成重大損失。然而，在筆者的經驗中，幾乎每家公司都會有料帳不符的情形，原因就在於傳統管理多不重視料帳相符的必要性，只有年底盤點時，才會進行某些動作，使料帳相符。企業必須改變觀念，料帳相符是為了料少不缺，毋使生產線缺料停產，而不是為了年終盤點。

APIS運用七定化手法，進行物料的動態式盤點，提早檢查料帳是否相符；若不相符，則可採取改善行動，避免問題繼續存在，進而影響倉儲管理的運作，以及生產的順暢。有關動態盤點的做法，後續會詳細說明。

3. 善用空間

善用空間指要充分利用倉庫的空間。從APIS的觀點來看，是希望庫存降低，占用倉庫的使用面積愈少愈好。然而，許多公司對於倉庫空間的運用卻不太重視，一方面沒有從源頭減少庫存量，另一方面也沒有充分運用倉庫的空間，每當覺得倉庫空間不敷使用時，第一個想到的方法就是再蓋一棟倉庫。但當筆者進入倉庫一看，多數的倉庫空間利用率都很低，僅約三十%左右，通道太寬、儲位又大，而且沒有放滿。公司也知道這種現象的存在，卻不知道有什麼方法可以充分利用儲存空間。有關充分利用倉儲空間的方法，後續會詳細說明。

4. 減少人力

減少人力，意即思考倉儲管理的相關人員可否減少。由於倉儲管理是屬間接部門的管理工作，每每談及改善，或是提高生產效率時，多數人都將眼光放在生產線上直接人工作業員的身上，而忽略支援管理的間接部門人員，所能進行的改善工作。筆者認為十分可惜，其實這些間接人員的工作也有很大的改善空間，透過管理制度體系的改善，也可大幅減少人力需求。就倉儲管理來說，筆者曾應用七定化手法，以及接單後生產的滾動十三週生產計畫體系，將一家公司的倉儲管理人力減少一半。

5. 快速存取

快速存取指要熟知物料儲放的正確位置，以花費最短時間完成存取工作。如此除可減少倉儲工作人員的時間及人力需求，更可快速將材料供應至生產線，減少生產線停工待料的產量損失，以及人員停滯等待的損失。

6. 快速驗料

一般材料在收入倉庫前，通常要經過品管單位的抽樣檢查，合格後才能正式入帳收入倉庫儲存。快速驗料並非要求品管檢驗人員動作快速，該做的檢驗項目及數量還是要做，不可減少。所謂快速驗料，是要改善工作的安排方式，可採取批次驗貨方式，多人共同檢驗一批貨物之後，立即入庫儲存，接著再檢驗下一批貨物，而不要以一人只驗一批貨物的方式進行。同時，也可將倉庫品檢人員及存取工作管理人員，合併為同一個倉儲管理單位，也就是垂直式的管理，雙方可互相協助、支援工作，以快速完成驗貨、入倉、發料，並減少驗貨區的空間需求。

7. 先進先出

先進先出係指先進入倉庫儲放的物料，要先發出去供生產線使用。先進先出可以防止物料放置太久而變質，造成不良品的風險。筆者發現，許多公司的倉儲管理都不太重視先進先出，其原因有二。一是未認知此舉會對產品品質有所影響，二是缺乏先進先出的管理方式。

13.2 中央倉庫與分散倉庫

有關倉庫建立的觀念，一般多以中央倉庫的方式為主。所謂的中央倉庫，就是集中式、水平式的傳統運作方式。例如，材料倉庫是將全公司所有不同產品的物料都集中在同一個倉庫，而成品倉庫則是將全公司的成品都集中在同一個倉庫。

這種方式在規模不大的公司裡，尚且不會造成太大的困擾，或是產生效率不佳的結果。但對於規模較大、產品種類眾多，又分成多棟廠房生產的公司而言，中央倉庫的模式，就會造成搬運距離過長之時間與人力的浪費。

在此情況下，筆者通常會採用分散倉庫的模式運作。所謂分散倉庫，其實就是APIS所追求的麻雀工廠，將多棟工廠以產品別區分，每棟都自有材料倉庫、生產線及成品倉庫。特定產品的所有材料供應、生產製造及成品入庫，都可以在同一廠房內完成，而不會有跨棟別的搬運工作發生。

13.3 成品倉庫與成品走庫

成品倉庫存放製作完成，準備出貨給客戶的產品。關於這點，多數企業的做法都是產品完成後就送入成品倉庫儲存，等待出貨通知，再從各型號產品的儲位將之找出，送到貨櫃車上準備出貨。這樣的運作模式，大家都已習慣成自然，未覺不妥，或是有可改善之處。事實上，這也是相當值得改善，並可減少人力、縮短出貨交期的部分。APIS的做法，是要將傳統「成品倉庫」改為「成品走庫」。走庫，意為走動的倉庫，或是行動的倉庫。

理想的成品走庫，是指成品完成後，直接入到貨櫃車內，而不先將之置入倉庫，一段時間後才提取入貨櫃車。這樣的做法有三大好處，一是節省成品倉庫的空間需求，二是減少倉儲管理的工作量，進而減少作業人員需求，三是減少貨櫃車等待裝載成品的作業時間，不但縮短出貨時間，也提高貨櫃車運用的週轉率。

成品的走庫是一個新的觀念，但要實現這種做法，先決條件是不可提前生產，而必須在確定接到客戶訂單後，才能投入生產。有些人會擔心因生產交期較長，接單後才生產會來不及出貨，這就是為何企業必須將傳統的機器別、水平式、大批量生產搬運的離島布置方式，改為多條真龍小線的產品別、一個流、連續式生產線布置，方可大幅縮短生產交期，以配合達成成品走庫的境界。

13.4 倉儲管理七定化

接下來要介紹APIS在倉儲管理方面重要且獨特的七個手法，稱為倉儲管理七定化。實現七定化，才能為上述之倉儲管理的新觀念及做法，打下成功基礎。

1. 定格化

定格化指訂定每一個儲存物料的格位大小標準。其尺寸是由物品的大小來決定，不同的物料別可以有不同的標準空間，但是也須注意勿有太多不同大小的格位。格位要適當不要過大，過大容易放不滿物料，而浪費了儲存空間。

2. 定色化

定色化即是用不同顏色的格位線，來代表置放在格位線內物品的類別。不同的顏色代表不同的物品類別，可參考前一章中，目視管理的相關介紹。

3. 定碼化

定碼化是將每一個格位編訂一個儲位的號碼，亦稱為地址化，就像是每一間房子都有一個地址號碼，以便找到儲位的位置。然而，一般常見的編碼方式大多採用流水式的編碼，這種方式在找尋儲位時仍然須花費一些時間，並不是最好的方法。筆者使用的編碼的方法稱為系統性編法，能從編碼的位數具體得知儲位的地點，包括廠別、棟別、樓別、倉別、架別、層別及行別。只要教導其編碼規則，就能迅速地讓任何人明白其意義，也能快速找到物品所在的儲位。

4. 定量化

物料的分類的一種方式是將物料區分為一回物料和循環物料。一回物料指只有在接到客戶的確定訂單後才下採購單給供應商進貨，可以依照滾動十三週的物料需求計畫購入物料。循環物料指經常會使用的物料，不依照客戶的訂單數量採購，而長期保持一定的庫存數量。因此，對於循環物料的庫存，要以定量化方式管理。定量化指物料須訂定最大的庫存數量及補充點，或是採購點及最小採購批量。當庫存數量降至補充點以下時，就必須向供應商下批量採購訂單，購入物料。

5. 定席化

某些物品，例如模具或工具，使用之後必須歸回原來的儲存位置存放，以方便下次再拿取。但是往往由於管理方式不當，沒有正確地歸回原位，又再次造成尋找時間的浪費，甚至停產，因而影響到生產。對於這類的物品，我們可以應用定席化的方法來解決。首先為每一個儲位編碼，並將相應的儲位編碼寫在須歸位的物品上。當物品使用完畢後，只要看一眼儲位編碼，即能正確歸回原位。

6. 定不化

定不化指定物不定位，亦即同一種物料可以儲存在不同的儲位中。傳統來說，物料管理都要求定物定位，即同一種物料只能放在同一個儲位，以便尋找該物料的位置。但是定物定位法往往會造成另外一個問題，就是保留的儲位過大，物料放不滿，形成儲存空間的損失與浪費。此外，有時該物料的庫存數量大於原來設定的儲位空間而放不下，必須將多餘的物料放置於其他儲位，也失去了定物定位的意義。定不化就是善用儲存空間的手法，一方面可以使儲存空間的格位最小化，減少儲存空間的損失與浪費。此外，還有其他二個好處。一是可以實施動態盤點，只要儲位內的物料用完，即可與帳面上的庫存數量比對，是否有短少或多餘，提高料帳相符的準確性，並減少盤點的人力。另外一個好處是有利於物料先進先出的管理。但是，要做到定不化，必須有一個配套措施，即是製作索引，只要輸入物料的料號，就能顯示該物料放在哪些儲位，該儲位中有多少庫存數量，並依照入庫日期的先後排序。

7. 定序化

定序化是指要定出物料使用及生產中的在製品的先進先出的管理機制。先進先出指先購入的物料要先發出去生產線投入生產，以及前工序先送過來的在製品，要先加工製造完成送往後工序，不可以有後進先出的做法。先進先出與生產產品的品質有密切的關係，這一點卻經常為多數人所忽視。物料儲放的時間愈久，品質愈容易受到周遭環境的溫度、溼度、粉塵、化學物質、氧化等的影響，而愈會有變質的狀況發生，產生不良的潛在風險。不良不僅損失產品的材料、人工及管理成本，更會造成產出量的短缺，必須再重新安排生產計畫，投入生產線生產，造成額外的工作負擔，更影響交貨期。

有些人會認為材料仍然在可用期限內，只要不超過這個期限，就沒有問題。筆者認為這也是不好的想法，材料愈新鮮，產品的品質就愈可靠；材料愈不新鮮，雖然仍可使用，但品質也會愈不可靠。就像我們吃東西一樣，愈新鮮的食物愈健康，冷凍食材或儲放較久的食物，雖然仍可食用，但對於健康就差了一些。因此，我們要注重並建立材料與在製品的先進先出管理機制。以下將介紹一些先進先出的管理手法。

13.5 先進先出七手法

1. 斜道法

利用有斜度的坡道或滑道來管理先進先出，是一種常見的方法。斜道法是以高的一端為物料的投入口，低的一端為物料的取出口。這也是先進先出經典的管理方法，可以優先考慮使用。

2. 平移法

平移法是指平行移動的手法，它也是一端為投入口，另一端為取出口的方法。也可說是斜道法的變形手法，適用於不能使用斜坡重力滑送物料的場合。平移法通常需要多花點時間來平行移動物料。為使平移容易，其檯面可以採用光滑度較佳且耐磨的材質，或是裝設滑輪，來減少平移的花費時間、摩擦力和體力。

3. 下插法

下插法通常應用在前後工序之間，受限於空間，無法實施斜道法或平移法的場合。

下插法是指將後完成的在製品要由先完成之在製品的下方插入，下工序的操作員則依序從上方拿取前工序完成的在製品繼續加工生產。

4. 雙位法

雙位法指同一種物料備有兩個同樣存量的儲位適用於不想移動物料卻可管理先進先出的方法。雙位法同時可以管控庫存數量，也可以做管理購入時機及購入數量的機制。這二個儲位可以區分為正在使用中的儲位，稱為Ａ位，另一儲位為備用中的儲位，稱為Ｂ位。當Ａ位的物料用完之後，就開始使用Ｂ位的物料，此時原來備用中的物料Ｂ位就變成使用中的物料Ａ位。而原先的Ｂ位就變成沒有物料存放的空位。此時就表示可以再補充或購入該物料之一個儲位的儲存量。此方法不但能有效管控庫存量，也可防止生產線缺料的狀況發生，是一個重要的先進先出及存貨管理手法，尤其在生產線生產時，也可對應到水蜘蛛供應物料予作業人員的工作方式，相當實用。雙位法又被稱為ＡＢ盒法。

5. 移牌法

移牌法又稱順序法，即於儲位上掛牌，為其編訂存取之先後順序的方法，多應用於物料占用多個儲位，且物料一旦置入，即不再移動的情形。其中一種做法，是將可取用此儲位物料的指示牌掛在正在取用中的儲位上，待此儲位物料用罄，則由管理者將此牌移動至下一個可以取用物料的儲位上。移牌法也可應用於管理工序當中，多個必要之手持在製品的生產先後順序。例如某工序需五個手持在製品的置放位置，則可安排六個置放位置，並編定順序號碼。作業人員可以依順序號碼工作，完成後拿取下一個順序號碼的在製品繼續加工，且永遠有一個空位做為下一個在製品的置放位置。移牌法要有良好的作業紀律，要求作業人員或管理人員依照正確的規則工作，否則就無法做到先進先出的要求。

6. 索引法

索引法是配合上述七定化中的定不化，容許同一種物料可以儲放在不同儲位上所必需的配套方法。索引法是建立一套搜尋方式，只要取料人員輸入物料的號碼，系統上就會列出該物料的儲位號碼、該儲位的庫存數量，並且依照入庫日期順序排序，取料員則依順序取出所需的數量。如庫存種類很多，可以使用電腦系統來做此工作；然而，對於物料種類不多的情形，則可以使用簡單的索引板進行管理。

7. 顏色法

顏色法就是利用前面的顏色目視管理的方法來管理先進先出，在顏色目視管理中，我們使用綠色、藍色、黃色、紅色、白色、灰色六種顏色來代表不同的時間先後意義。可以表達小時別、星期別、週次別、月別、季別。再加上利用投入生產時間別或日期別的大數字的數字順序碼，寫在這些有顏色的紙張上面，即可明確顯示出先後順序。這種方法容易使用，效果又佳。除了用在管理物料入庫的時間點之外，筆者更經常應用在離島工序間在製品先進先出的目視管理上，利用不同顏色的生產流程單，代表不同的時間點的生產。現場的作業人員只須看到不同的顏色的流程單，即可知道哪些在製品要先加工生產，哪些是後續才要生產，而不用看流程單上的日期，才能知道先後順序。事實上，一般常見的日期搜尋方法，在中間在製品很多的場合是不可行的，因為作業員無法辨識出哪些是要最先加工生產的在製品。

第十四章　新產品開發的改革：3P 生產準備流程

常見傳統做法：開發產品、逐步開發、單打獨鬥、機器別布置、腦力激盪

APIS 創新做法：開發利基、同步開發、團隊協作、真龍線設計、試做激盪

14.1 傳統新產品開發的流程

新產品的開發是企業經營的重要經營策略，每家公司都會有研發部門進行這項工作。新產品是指未來性的需求，也就是要創造出明日之星的產品，使企業能有競爭力永續生存發展。然而，由於產業的規模不同，以及在供應鏈所處的位階的不同，每一家公司的研發部門所進行的工作內容大不相同。當中的差異，可以由一件新產品從無到有的過程中來了解。

一般新產品從開發到正式量產的過程，可以分為下列幾個階段。

1. 新產品企畫階段

產品企畫階段是指打算要推出什麼樣的新產品，並獲得消費者的青睞。這方面的過程，可以參考品質機能展開（Quality Function Deployment）的手法來進行。首先要掌握消費者的需求，傾聽消費者的聲音，並將這些需求轉換為工程上的特徵要求，之後再評估自身與競爭對手，在哪些工程特徵上要比對手為佳，以及價格上的競爭優勢所在，並且考慮自身關鍵工程技術的能力，而產生新產品的計畫品質。

2. 新產品設計階段

產品設計階段是指依照上述的新產品的計畫品質，再進一步具體設計出產品的形狀及滿足計畫品質的要求條件。除了完成產品的外觀圖形之外，更可繼續規畫次系統、零件、組件及材料的各式要求，並進行功能及結構的展開。

3. 新產品開發階段

針對上述的產品設計的概念、功能的需求、外觀尺寸的需求以及零件材料的需求，將新產品的圖面資料，初步製作一個實體的產品，稱為原型（Prototype）。這是用來測試產品所需要的功能是否符合條件，外觀尺寸是否滿足需求，使概念更為更明確化。此階段及前一階段也可以合稱為，產品設計（Product Design）階段。

4. 新產品試做階段

此階段是依照原型的功能及外觀尺寸的設計，進一步製作更多的樣品。在此階段也要決定每一個生產工序的製造工程技術（Process Engineering）及參數條件，期許未來大量生產時，品質穩定、不良少。如何選擇決定最佳的製造參數條件，可以應用田口方式（Taguchi Method）或稱為穩健設計（Robust Design）的手法。之後，再決定機器設備的選用及模具、治具、夾具等的設計。

5. 新產品量試階段

量試指量產試做的意思。在前一階段中，新產品試做的主要目的是決定最佳的製程參數條件，所以在此過程中，可使用現有的機器設備，或是實驗型的小設備來做實驗，找出最佳的製程參數條件並進行將來投入生產線大量生產之前的試做。因此，在量試的做法上有二個重點，一是量試所使用的機器設備、模具、夾具、治具等，都必須與未來正式大量生產時所使用的器物完全相同。二是量試時的生產速度，即每小時的目標產量，也要與未來正式量產的速度一樣。量試的主要目的是提前將正式量產時可能發生的潛在問題曝露出來，使我們可以及早發現、及早解決，減少將來正式量產時的問題愈少愈順暢。新產品試做及量產試做，可以合稱為流程設計或是製程設計（Process Design）。

6. 新產品量產階段

在完成新產品量產試做之後，解決一切潛在問題後，就可以正式轉交給生產單位準備進行大量生產活動。相關的人力需求安排、機器設備的需求布置、物料採購和離島工序生產計畫的安排，都要考慮進去。此階段亦可稱為生產設計（Production Design）。

14.2 傳統新產品開發的特徵及問題

新產品開發的過程中，除了要開發有競爭力的新產品外，仍然必須考慮其最終目的，是要能以最快的速度、最穩定的品質及最低的製造成本，快速正式量產，推出市場，以取得競爭的優勢。然而，新產品常見的傳統開發至量產方式，卻往往不能達到上述的要求，因為多數公司的研發部門，其思想觀念及做法，均食古不化，沒有任何改變的跡象。

傳統新產品開發的過程，其特徵可以歸納為「逐步開發」及「範疇不全」。所謂「逐步開發」就是指開發到量產為止的六個階段，都必須先完成一個階段，下一個階段才能繼續進行。而且，每一個階段的負責的單位部門又不同。常見的是第一及第二階段的新產品企畫和設計，是由市場行銷及產品設計部門來負責。然而，對多數代工廠商，即OEM工廠來說，此二階段的工作都是由其客戶先企畫及設計好新產品之後，再由代工廠商進行下一個階段的工作，亦即為第三及第四階段的新產品開發試做階段。此二階段通常是由開發部門及製程工程部門來負責進行。至於最後二個階段量產試做及正式量產轉移的工作，就由生產部門及設備部門來負責，而且都是在客戶下達正式訂單後，才一面量產試做、一面解決問題。然而，這樣的過程往往會產生下列問題。

1. 潛在問題多，修改次數也多

由於是逐步開發，各個部門就僅專注於達成自身的工作即可，沒有去考慮其他部門的工作的困難度及容易度。例如開發部只考慮把產品的原型做出來，認為只要滿足產品的功能及設計規格要求，就算是完成其份內工作。製程工程部只研究製造的方法及參數條件，而設備工程部也只決定機器設備的選用，而未進行量產試做，故最終到生產線正式量產時，就出現了許多潛在的問題及不良，因而必須來來回回地修改設計、修改製程方法或參數條件，甚至機器設備、模具、夾具、治具等也要來來回回多次修改，才能初步正式量產。

2. 成本過高

由於個別部門僅負責個別階段的開發工作，因而產生溝通不良，需要重複多次修改，導致成本超出預期的情形。多數企業在開發階段中，對於降低成本的方向，都是著重在材料成本的降低和引用大批量、高速度、高成本的機器設備，仍舊依賴傳統的機器別、功能別、批量流的方式來生產，而沒有一個流、連續流、同步流生產線設計的觀念及做法，故生產成本難以下降，缺乏價格的競爭力。

3. 開發至量產時間過長

由於上述逐步開發過程中，要在每一部門的工作完成後，才能移轉到下一個工作部門，整個開發至量產的時程，就串聯式地累積，導致時程拉長。同時在各部門開發過程中，往往會遭遇到許多沒有想到的困難點，繼之開發完成日期的壓力，所以就匆促地完成開發的工作，只為了達成目標日期，而忽略潛在問題多，又得花費更多時間去克服。因而愈到後面的階段，時間愈被壓縮，最後只得匆忙地量產，問題也只能邊做邊修正。是故，從開發到量產的整體完成時間就會變得很長，失去搶先上市的機會。

4. 客戶滿意度低

綜合上述三大問題點，新產品的品質不穩定、成本偏高超出預期的目標成本、開發到量產為止的期間又太長，使得客戶的滿意度低，沒有市場的競爭力，最終失去開發新產品以求企業永續經營成長的目的了。

14.3 APIS 新產品開發流程：3P的意義及目的

針對上述傳統開發的流程，面臨著許多的問題。對此，必須要有一個不同的開發流程，即APIS中所強調的3P（Production Preparation Process）生產準備流程。3P生產準備流程，簡稱為3P生產準備是恩師中尾千尋所倡導的方法。3P生產準備是一種新產品由開發至量產，十分有效率的方法。它強調同步開發，在量產之前即能設計出完美無缺陷，無須在不同負責部門之間來來回回修改的設計。所以，必須由產品設計人員、產品開發人員、製程工程人員、自動化設備設計人員、生產線設計人員、以及生產現場管理人員共同組成一個任務性、跨部門性及臨時性的新產品開發量產小組。3P在實施的過程中，強調針對各種問題，都要提出多個解決方案，採用臨時性、簡易式、低成本的快速試驗，以求證各方案的效果並加以評估，再選出最佳方案，提供給新產品開發量產審查委員會做最後的確認。

3P不僅是著眼在新產品設計開發階段，也相當重視製程技術、機器設備、生產線排線等的設計開發。其目的不但是要快速、完美地設計出新產品，更要設計出APIS的核心——一個流作業、一貫化流程、一體化生產的真龍小線排線方式，期使在正式量產時能夠達成不良最少品質穩定、浪費最少成本最低、庫存最少交期最快的生產方式，使企業界有強大的競爭力增加企業的利潤，使能永續發展生存。所以，3P不僅要懂得其過程如何做，更必須學習應用前述幾章所介紹的APIS生產改革技術的技法，才能發揮其完美效果。

14.4 3P生產準備的應用時機

3P生產準備的過程，可以說是一種創新式的改革過程。就如同做新衣服一樣，從新產品設計開發至正式量產為止，每一階段都進行最完善的設計開發，投入正式量產時方能發揮最大的效果，無須再反覆修改了。它與傳統由現行生產線發覺問題，並持續小幅度漸進改善的過程不同。改善式的做法就像是修改一件舊衣服，雖然可以做一些改變，使之較過去更好，但是仍然受到既有條件的限制，所以總的改善成果會比改革式的成果差了許多。舉例說明。如果一開始就購入傳統的高速度、大產能、高成本的自動化機器設備，無法形成多條真龍小線，則未來的改善空間較小，成果也較不如預期。如果一開始即能使用符合APIS的三少自動化機器設備，則可以輕鬆地快速建構出多條彈性的真龍小線，而發揮最佳的效果。

因此，3P可以應用在下列的場合：

(1) 創新的新產品。

(2) 既有產品的改進。

(3) 生產需要量增加或減少。

(4) 生產線重新布置。

(5) 製程技術改變。

14.5　3P 生產準備的流程與步驟

3P 生產準備強調快速開發量產，以最小的產品設計變更、生產不良最少、成本最低、交期最短的真龍小線生產方式，進行體制的設計。所以，3P 生產準備強調由跨部門人員同步進行設計開發工作，提出多個解決問題的方案及評估，並以最快速、簡易，成本最低的運作模式，即「試做激盪」（Try-Storming），又稱「月光下」（Moonshine）方式進行。「月光下」為以簡易低成本，利用夜晚月光快速私釀烈酒之生產方式的代用[1]，以期快速求證效果，亦可稱為「拙速巧久」。求證效果若不佳，則可

1 編注：「月光下」工作方式，乃源自九〇年代初期，中尾千尋受邀於美國南卡羅萊納州某企業進行 3P 改善活動時，該公司之高階主管向其所講述的故事。由於該州法律禁止釀製私酒，他們遂於夜裡就著月光以簡陋工具進行私酒的釀造。中尾千尋很快地意識到，該種釀酒方式快速、低成本的原則，竟與 3P 生產準備之精神相契合，便將此一特殊模塊加入其生產方法之中。

迅速嘗試另一方案，不斷持續，直到找到最佳方式為止。「拙速巧久」乃是由《孫子兵法・作戰篇》中，「故兵聞拙速未睹巧之久也」之說法而來。

此與「腦力激盪」（Brainstorming）——坐在會議室構思討論的集思廣義不同，而是強調在行動上的快速求證的另一種集思廣義，其具體步驟如下。

1. 確定開發目標

開發新產品除了要把關新產品由開發至量產的過程之外，更要掌握開發新產品的主要目的為何。通常主要的目標是開發出符合產品計畫品質的要求，目標成本的要求以及開發時程愈快愈好。有謂品質是設計、製造出來的，而不是檢查出來的。在此就強調了在考慮產品的設計計畫品質時，即須思考客戶的品質需求，也要考量到競爭對手的品質水準，所以在一開始設定產品的計畫品質的目標時就必須滿足客戶的需求，超越競爭對手的品質水準。此外，在製造技術方面要有防止不良品發生的穩定製造參數條件和防錯裝置；在成本方面，在開發階段即要考量以最少的工序機器設備成本和材料成本，與最低的人力成本及空間成本做為生產線設計的要求；在開發時程的方面，除了要有跨部門同步開發的做法之外，也要思考未來正式量產時的生產交期的縮短。這些都是APIS之3P生產準備所欲追求的目標。所以，做好3P生產準備，即是做好新產品正式量產時的三大競爭力關鍵績效指標之競爭優勢。

2. 產品結構分析

產品結構分析是將產品整體設計的各構成物件完整地呈現出來，並具體描述每一個物件的的功能，以做為後續方案選擇的評估條件的依據。產品結構分析可使用APIS「價值流程圖」呈現，詳列材料清單表（Bill of Material, BOM），以及各材料加工組合之前後順序，以及關聯過程。

3. 製造流程界定

製造流程指要將製造此產品的過程，從材料零件開始經過不同的工序加工、檢查、裝配、包裝至成品的過程全程表達出來。同時，也要描述每一個工序的功能作用。製造流程的界定，也可以與產品結構分析共同使用APIS的價值流程圖來表現。

4. 功能作用描述

詳細描述產品的每一個零件、組件，以及製造流程每一個工序的功能，是相當關鍵的步驟。筆者經常看到產品設計人員未能完善描述零組件的功能，就已決定要使用哪種材料或零件，很少看到相關人員會去理解為什麼要選擇這種材料，或是選擇這種材料的目的是什麼？例如塗膠水的目的在哪裡？為什麼要塗膠水？原來塗膠水是要固定兩個不同的部件。然而，固定這兩個不同的部件，事實上可以不使用膠水，而可以有其他的方法來達成。所以，根本上就不需要用到膠水這個材料。同樣的情形在製造流程的工序名稱上也相當常見，因為描述不完善，而失去了其他方案的選擇機會。例如工序名稱寫為「進烤箱」，把使用機器設備的名稱做為工序的名稱，是沒有辦法理解此工序的作用目的或是功能是什麼的。正確的名稱應是「乾燥膠水」，這樣可以讓我們知道這個工序的主要目的是要將膠水乾燥，而進烤箱只是乾燥膠水的一種方法而已。乾燥的方式包括在陽光下照射、用風吹乾、用火或電熱烘乾、靜置室溫乾燥等等。功能的描述是可以用「動詞＋名詞」來表達，動詞表示工序的作用，而名詞是作用的對象。這些動詞的作用也可以從自然界的現象，或是從日常生活的用品中來借用取得靈感。人類的許多科技產品的發明，都是從自然界的現象中取得靈感而來的。例如從鳥的飛行發明了飛機、蝙蝠的夜間飛行發明了雷達、從閃電中發明了電、從鯨魚中發明了潛水艇等等。

5. 創意方案蒐集

在了解並握每一個材料、零件及製造流程的工序的功能後，下一步驟就是要想出達成這些功能的方法。通常可小組多人一起腦力激盪，共同想出七種不同的方案，而不要只依賴一個人或一個部門的人員。同一個人或是同一單位的人，其思路及方案是有限的。要結合多人互動，才能產生更多的創意方案，就如俗話所說的「三個臭皮匠勝過一個諸葛亮」。當然也可以從日常生活中的見識及自然界的現象來觀察，產生更多的創意及靈感。

6. 方案評估選定

方案評估則是針對每個功能，評估其功能實現的可能性、難易程度、時間長短與成本，以及未來正式大量生產時的品質的良品率可靠度和生產的容易度。從這七個方案可以選定三個較佳的方案，做為下一步驟的研究。

7. 拙速巧久試做

從選定的三個方案後，要再進一步做更確實的試做實驗求證，以取得最佳的製造技術。為了要快速做出實驗求證效果，我們就要以「拙速巧久」的觀念，或是「月光下」的做法來進行實驗。「拙速」的具體意思是在最短時間內，以暫時性、臨時性、最簡便的方式來進行實驗，以快速取得具體結果的數據做為判斷選擇的依據。而不要用美觀、耐用、花費較高的正式機器設備來做實驗，這樣要取得實驗的結果的時間就變長了，此即「巧久」，換句話說，就是新產品開發至量產的時程變久了。若以「拙速」的方式來做實驗，就能用最少的成本及時間來做許多不同的實驗，進而取得最佳的方案，開發到量產的時間短，實驗的成本也低。因此，拙速比巧久好。

8. 製造技術確定

經過拙速巧久的實驗後，可決定生產流程每個工序製程技術的確切參數條件，以及操作的初步過程。我們可以確定整個產品從材料到包裝成品為止的流程，定義出每個工序的功能名稱，以及初步的標準操作程序說明書。

9. 機器設備選定

在進行拙速巧久的實驗中，可以同步進行機器設備的需求的開發及取得。購買或是自己製作機器設備的觀念，對未來正式大量生產時的品質、交期、成本及空間的需求有很大的關聯性，不可不慎重考慮。簡要言之，不要再購買高速度、大產能、泛用性的中央式、集中式、離島式、批量式、水平式，又高成本、高故障的大型傳統自動化機器設備，而要考慮採用品質最佳、交期最快、成本最低、空間最省的，能夠以一個流作業、一貫化連續生產及支流主流同步化生產的多條真龍小線生產方式。

在此要提出符合多條真龍小線的機器設備的條件如下：

(1) 少產能：一台機器設備每小時可以生產六十至一百二十個為佳。

(2) 少成本：要比原有大產能的設備平均一台折舊成本為低最佳。例如原來一台機一小時產能為三百個，價格為三百萬。若是少產能的機器設備，一小時為六十個，則目標價格要低於六十萬為佳。

(3) 少人化：符合少人化機器設備設計的十大容易原則如下：

- 容易操作：正面窄縱深長、站立高度操作、人離自働加工。
- 容易傳送：要一個流傳送、要逆時針傳送、要入口即出口。
- 容易省時：不費二秒放料、不做壓縮空氣、不做木偶動作。
- 容易移動：要設備滑輪化、要地面淨空化、要管線天降化。
- 容易自主：不用連體嬰機、不用多頭怪機、不用多工序機。
- 容易開機：要能快速切換、要能快速溫機、要能少手持量。
- 容易轉用：要長壽式設備、要陽春式設備、要通用式設備。
- 容易品保：要有製程能力、要有防錯裝置、要有自働檢查。
- 容易保全：要能前方保全、要能掛吊門板、要能模組更換。
- 容易安全：作業加工分離、有圍籬防護網、要有故障防誤。

10. 生產技術設計

生產技術與製造技術是不同的。製造技術亦稱製程技術是指對單一工序的工作方式以達成該工序的功能設定的目標。生產技術是指在已開發出的製造技術下，如何進行以最少的作業人員、最少的機器設備成本、最少的手持量的在製品數量和最少的空間需求，來做最有效率的安排，產出最大的產出量。具體而言，即是要做出真龍小線的生產的標準作業排線圖。

在決定了產品的製造流程圖及機器設備的選用之後，即可觀測每一個工序操作時所須耗用的人工時間和機器時間。就可以依照本書第五章一個流流線生產方式所介紹的生產線設計的步驟排出真龍小線。做好人員、機器設備、手持量的標準布置安排，查核是否 符合 APIS 排線的五大原則，具體內容如下。之後，就可以做出標準作業排線圖。以下為真龍小線查核表：

- ◆每小時產能一百二十個至六十個。
- ◆依工序順序號碼布置。
- ◆盡量靠攏至雙手可及。
- ◆機器設備二字型布置。
- ◆U 字型逆時針傳送產品。
- ◆入口出口在 U 型同一端。
- ◆支流出口靠近主流入口。

- 作業員在二字型內側。
- 人員靜態平衡效率大於九十五%。
- 沒有在線外的離島工序。

11. 量產試做修正

一般而言，大多數的公司都沒有量產試做的想法，通常都是完成產品試做後，就算是完成整個新產品的開發工作，而沒有做好機器設備的選定、生產技術的真龍小線的設計，更沒有做到量產試做。因而，在正式量產時潛在問題就陸續出現，又要多花時間去修正，浪費了許多人力物力，也延誤了開發的時程。量產試做與樣品試做的意義是不同的。在樣品試做時，可以使用實驗式的機器設備，仔細地慢慢修改，將樣品做出來即可，以求證製造技術的可行性及穩定性。量產試做則是未來轉移至生產線正式生產前的試做。

量產試做時要掌握兩個重點，一是試做時要以正式量產時所使用的機器設備，包括模具、夾具、治具等，完全相同的物件及做法，二是生產的速度也要與未來的正式量產時的速度一樣，例如真龍小線每小時的產能目標為一百二十個，則每個工序、每個工位的作業員就要能每隔三十秒產出一個產品，而且要依照標準作業排線圖上的作業人員數及作業動線來做量產試做，其主要的目的在於將未來量產前的一些潛在問題都能提早發現改進使未來轉移到生產線正式量產時，能夠順利的生產，達成最少的不良品、最快的交期、最少的成本的生產體制。

在做量產試做時，也要查核每一個工位作業員的動作，是否均符合如下的動作省時十原則：

- 作業雙手化。
- 作業順手化。
- 工具懸吊化。
- 工具道具化。
- 治具固定化。
- 物料正前化。
- 物料近身化。
- 物料整列化。
- 料盒正窄化。
- 料盒雙盒化。

12. 量產正式轉移

在完成量產試做後，即可準備轉移生產單位準備正式量產。轉移量產時要提供該產品價值流程圖、標準作業排線圖、標準作業程序書及作業重點書。生產線的管理人員即依照標準作業排線圖布置機器設備，並依照標準作業排線圖所示，進行工位上之工具、治具、夾具，以及各種物料和人員之工序順序分配。初期的移轉，仍然需要開發部、製造技術部、機器設備維修部和生產技術部門的人員共同在生產現場協助教導及解決問題甚至可以再進一步發覺潛在問題並持續改善，以尋求最完善的生產方式。同時，要將每一個工序的作業重點書張掛在操作人員的正前方，以便隨時提醒每一個工序在作業時要注意的安全重點、品質重點、效率重點及保全重點。

| 第三內涵 |

實踐篇：體

第十五章　改善行動的改革：自主研究會

常見傳統做法：個人式、放任式、隨意式、常識式、雜亂式、算術法

APIS 創新做法：團隊式、指導式、定期式、知識式、制度式、忍術法

15.1 為什麼大多數的公司改善的效果有限

APIS 生產改革技術涵蓋了三大內涵——心、技、體。心即是思想、觀念、知識要先改革，以清楚認知企業內許多潛在的問題，才能帶動改革的意願。如果在心的方面不先改革，仍然保持原來的思想、觀念及做法，企業就會永遠保持現狀，難有較大的生產技術改變。然而，有了正確的思想觀念，卻沒有達成的方法、技法、工具及手法來克服問題，也是不會有效果。APIS 在此也提供了許多解決生產現場的硬體面問題，以及管理部門軟體面的改革技法。而更重要的是體的部分，體表示要身體力行，實際動手去實踐，並消除各種無駄及問題。筆者遇過有些公司雖然學習了心及技的部分，可是在行動上欠缺良好的運作方式，結果當然是效果有限。

常見傳統的改善都將焦點放在如何引入更高速的自動化設備，或是如何尋找更低成本的材料，但筆者認為這麼做的話，提升企業競爭力的效果有限。因為這些花錢向外面購買進來的設備，任何一家公司只要有錢即可購入，自己的公司當然就不會比其他的公司更有競爭力。換句話說，這是缺乏APIS生產改革技術的認知。APIS的生產改革技術，是從現狀改變起，在現有的製造技術、機器設備、材料、作業人員等情況下，改為真龍小線的生產方式，可以同時帶來生產效率提高、不良減少、交期縮短、空間節省的多方面效果。其次，常見的傳統改善方式是個人式、放任式、隨機式地進行。具體來說，就是由各個部門各個人員，就其能力所及，去做其工作上相關的改變，也就是「點」的改善，而不是「線」、「面」，這樣的「體」的改善，效果當然也相當有限。

而當公司成長需要擴充產能時，就以現在的產量為基準，衡量須擴充幾倍，並依照倍數去增建廠房、增聘人員，這種方法筆者稱為「算術法」，並不算是很好的方法。因為一旦訂單量減少時，產能就會閒置而產生浪費和損失，給公司帶來經營的危機。我們應該用像忍者的「忍術法」，用心去克服一切困難，創造出更有創意的改革方式，用最少的空間、廠房、設備、人力等資源的投入，來創造出更多的產出及利益。

另外，縱使學習了APIS的知識觀念及改革的手法，但是缺乏高層管理者的認知及參與，以及有組織性的小團隊方式的改善活動，又缺乏教導人員的指引，無法找到解決問題的關鍵點，往往就認為不可行，而放棄了改善的機會，也使得改善的效果不如理想。以筆者的輔導經驗，要成功地實現APIS的理想境界獲得卓越的效果，要有下面各節的行動的支持才能馬到成功。此即心、技、體要合一，同時進行之意。

15.2 學文力行，尋求良師指導

每一個人、每一家公司，若要持續成長，持續改善、改革的前提條件，就是要持續改變。如果只想保持現狀，當然也就沒有改變的意願了。然而改變的意願由何而來呢？乃是來自於學習。吾人要有終身學習的想法，學習的領域愈多、時間愈久，則可發現有改變的機會愈多。學習等於是在吸收他人的經驗，所以才有終身學習的說法。可惜就筆者所見，大部分人的學習意願很低，領域不廣泛，大多著重在自己既有的工作領域上，沒有跨出自己已知的領域多方面去學習。因而能夠發覺改變的機會也就少了。可是就成果而言，學習只是改變的前一個階段，下一個階段就是力行，亦即知行合一，學以致用。誠如弟子規所言：「不力行，但學文；長浮華，成何人。但力行，不學文；任己見，昧理真。」但是，就APIS先進生產改革技術來說，力行不只是個人的力行就夠了，而是要整個公司內的每個部門、每位成員，都要先學習APIS的思想觀念及改革的手法，更需要全體部門及人員一起力行，有共識才能成功。此外，在改革的過程中肯定會有許多的困難必須克服，不能克服的話，往往就會認為此路不通，甚至有更多負面的想法出現，例如公司文化不同、行業不同、規模不同、人員水準不同等等，成為不能做的理由，而放棄了改革的機會，甚為可惜。此時可以尋求有實務經驗的老師來協助找出解決困難的方法，改革就能成功，並且持續下去，使公司脫胎換骨，企業競爭力大增。

15.3 高層先改變，七心具備

APIS的改革是一種巨大的改變，它會改變生產現場的生產線的排線方式、機器設備的的選用的決定、作業人員的運用方式、績效獎勵制度的考量方式、生產計畫排程的方式、採購制度的變革、倉儲管理的方法等等全公司全面性的改革。這種巨大的改革變化，往往不是單一個部門或是單一個人所能進行的改變。它必須由最高層的經營管理者先改變自己的思想觀念，再由上而下帶動整個公司的改變，才能帶來改革的機會及成果。從筆者的輔導經驗，來看APIS改革成功的公司，其最高層的經營管理者都具有如下的七心的特徵：

(1)信心：相信 APIS 能夠帶給公司脫胎換骨的改革機會。
(2)決心：有堅強的意志帶領公司成為產業中表現最佳的公司。
(3)耐心：能夠有耐性地改革下去，而公司往後每年都必須進行這樣的改革。
(4)關心：能率先垂範，親自參與自主研究會的改革活動，鼓舞員工士氣。
(5)愛心：多以鼓勵的方式來帶動改革的氛圍。給予適時適當的有感鼓勵。
(6)苦心：對於不願學習實做、改革的員工，要苦口婆心地誘導，不要用處罰的方式。
(7)誠心：誠心誠意地對待員工，讓每位員工共同分享改革成果所帶來利益。

15.4 改善推行組織的建立與職責

有了高層經營管理者的參與，並具備七心後，接著要成立一個推動 APIS 改革的組織單位負責來帶動公司改革的活動。此單位通常會被稱做「APIS 推行辦公室」或是「APIS 改善辦公室」，通常人員在三人至七人之間，並且指定高階管理者來帶領這個辦公室，其主要任務是：

(1) 指導老師的聯絡窗口。
(2) 隨時跟隨老師參與改善活動，吸收、學習老師的改善手法，並做為內部的指導老師。
(3) 負責籌組自主研究會之改善小組的組成、主題的選定，以安排指導的行程和上課會議的召開和主持。
(4) 後續的跟催及稽查改善後的成果，並維持和管理。

15.5 建立制度化的改善活動

改善活動通常是每月一回，每回三大至五天，成立二至三個自主研究會的改善小組。而改善小組的組長及組員由公司內最高層管理者指定要求參加改善活動。所以，雖名為自主研究會，但並非由員工自主決定是否參加，反而是被指定要參加改善活動，而且這種改善活動並不是放任式的隨意自由發揮改善活動。它會在指導老師的帶領指示下，由組員自己動手做來進行改善的主題。改善活動在最開始時，通常會舉行一個起始會議，所有改善小組成員、高層管理者，各部門的負責主管及其他的工程技術管理人員都會參加。首先要由上回的改善小組長報告前次的改善及維持管理的成果，是否持續達成目標，或是有任何其他問題需要指導老師協助解決。接著請本回改善小組長報告改善的主題及目標，再由指導老師講授有關ＡＰＩＳ的改革手法，並且給予明確的改善方向及指示。會議結束後，所有改善小組的組員就到現場依據老師的指示，以「拙速巧久」的做法，用速度最快、最為簡易，花費最低的方式去做試驗求證效果。

指導老師也會在改善的現場親身協助組員進行改善的工作。此時，公司最高層管理人員要到各個改善小組的現場了解改善活動的狀況，來表示公司最高層對ＡＰＩＳ改革的重視及關心，也可以鼓舞改善組員的士氣。在整個改善活動的最後二個小時，是舉辦結束會議的時段，此為整個改善行程的最終時段，也是最重要的時段。在結束會議時，各改善小組的組員要依據ＡＰＩＳ改善八大步驟的過程，分享此回改善的成果，使公司其他的人員也能有學習吸收的機會，促進公司內每個人改善手法及經驗的成長。此外，在本回改善活動過程中，指導老師會針對公司的具體問題及未來的持續改善的方向，提出解決問題的客製化、具體化方法及方向。這些都不是在一般授課，描述主要觀念及做法時，所能明確指示的部分。最後由公司最高層管理人員講評此次改善活動的優點或缺失，也再次地表現出高層的重視及關心。

15.6 APIS的問題分析解決過程：改善八大步驟

面對要解決的問題，大多數的情況下往往容易以能見的問題表象提出解方，頭痛醫頭、腳痛醫腳，效果短暫有效，但是不能持久。我們解決問題的第一個關卡就是要能找出問題的真因，也就是底因，問題的源頭。之後就是第二個關卡，要尋找出克服真因的方法。APIS就此提出問題分析解決的過程，命名為「改善八大步驟」，說明如下。

1. 主題選定

在組成自主研究會改善小組後，即可進行第一個步驟：主題選定。即界定改善的對象場所，期望改善哪一個績效的對象指標，也就是想要解決哪一方面的問題。問題的來源也是一個要探討的地方。筆者在輔導時，常會遇到現場的管理者要求：「老師，請幫我看看還有哪些需要改善的地方？」但當老師指出問題時，管理者卻又回答一些不得不這麼做的理由，或是不能改變的原因。所以，問題或是改善主題的選定，是一個重要的起始步驟。事實上，主題的選定可從製造業者的多方面關鍵績效下手，就能輕鬆掌握選題。例如產出量、作業人數、勞動生產力、不良率、報廢率、重修率、生產空間、交期準時率、交期天數、庫存存量、庫存天數、庫存周轉率、設備可動率、切換時間、人員總合效率等等，都可以指示我們要改善的方向。主題的敘述可以用「動詞＋名詞」的方式來表達。工廠內常用的動詞不外乎是提高、增加、提升、減少、降低、縮短、節省等。而名詞就是前述的這些關鍵指標，例如提高勞動生產力、降低不良率、縮短交期時間、減少庫存天數等。不要用感性的語詞來描述主題，例如「如何實施一個流生產方式」、「如何建立後拉式看板生產」等。

2. 目標設定

第二步驟為目標設定，即設定改善的目標值。至少要先選定與改善主題有相呼應的指標名稱。例如提高勞動生產力，則至少要有指標名稱為勞動生產力，另外其他的指標如每小時產出量、直接人工數，也可以做為改善的目標指標。同時，也要表現改善前的數值、目標的數值及進步率。

3. 現況調查

現況調查指顯示改善前的狀態，必備資料有產品別的價值流程圖、生產線現狀布置圖，同時也要調查有關的關鍵指標的改善前的數據，例如每小時產出量、直接人員數、勞働生產力、不良率、重修率、報廢率、材料庫存天數、在製品庫存天數、成品庫存天數、切換時間、設備可動率、人員總合效率等。對於特定的主題也要針對該主題調查必要的相關資料，例如，改善主題為降低不良率，則須收集不良模式的資料並做出帕拉圖表。又如，提高設備可動率，則須調查設備可動率六大損失的比率。

4. 真因追查

真因追查意指要找出問題的真正根源所在，也稱為底因。真因與原因是不同的。原因是指造成一個問題的所有可能因素，通常會用魚骨圖來表達這樣的因果關係圖。只要在這個原因系中的某一個因素有錯誤，即會造成問題的後果。所以我們要解決問題的第一個關卡，就是要找出這一個問題，或是這一個不良品的真因，而不是詢問它的原因。只有在找到真因之後，才能應用正確的方法，朝正確的方向解決問題。

在真因追查方面，我們除了要有問五次為什麼、找出問題的真正根源所在，打破砂鍋問到底的精神外，還可以應用APIS中，由筆者所創作的真因追查七手法來有效地找出問題的真因。此七手法即是：五問法、五現法、地圖法、比較法、放大法、解剖法、潛水法。此七手法的詳細內容請參閱本書第十一章〈零不良的品質管理〉。此外，真因追查是可以與現況調查同步進行的，在進行現況調查時最重要的，就是掌握五現法的親臨現場、觀察現物、了解現實、立即現做、效果現查，同時去觀察分析、探索可能的真因，並立即嘗試改善方案求證效果，即能確定是否為真因。

5. 對策試行

在掌握了問題真因之後，另外一個關卡就是要找出解決問題的方法，這些方法都必須要由自主研究會的改善組員共同集思廣義，應用各人工作領域的知識與經驗，以腦力激盪的方式提出各種可能的改善對策，並且立即試行，確認效果。在試行的過程中我們要掌握「拙速巧久」的觀念，以最低的花費、最簡易的方式、最迅速的方法來進行試做。效果如不理想，就可以再嘗試下一個方案，直至找到正確的方法為止。

6. 效果確認

在上述的對策試行時，都要確認改善方案的效果是否有達到目標，如果有達標則可以標準化制定未來的工作方式。如果效果不佳，則必須重新檢討從步驟三的現況調查是否徹底、步驟四真因追查是否已經確實查到真因，以及步驟五對策試行的對策方案是否適當。這些都有賴於自主研究會的改善組員再重新集思廣義發想，亦可請求指導老師的協助。

7. 標準維持

在上述的效果確認如果有效，表示改善的對策已可標準化，日後大家都要依照這個新的工作方式來工作。此階段須修正、更新標準操作程序書，同時也要做好維持管理；初期時，管理者必須經常至有所變更的工序觀察、了解作業員是否有依照新方法工作，以確保改善後的效果可以持續下去。

8. 未來計畫

未來計畫是最後一個步驟，指在整個改善活動目標達成後，再檢討是否仍然有些不太完美的地方，或是還可再改進的方法，以及可以水平推展的其他可應用的場合，將之列在一張未來計畫表上，做為持續改善的方向。

15.7 APIS 改革行動二十守則

在學習 APIS 先進生產改革技術的過程中，強調心、技、體三合一的重要性。心即思想、觀念、意識。技是為實現思想、觀念及意識所必須具備的技法、手法、工具、技巧。然而，最重要的關鍵在於去體驗實踐做出成果。如果學了很多的知識、思想、觀念及其實現的技法，但是都沒有去實踐、行動、體驗，則仍然沒有成果，等於沒有學過，白學一場。在上節中，筆者也介紹了如何有制度地定期組織自主研究會的改善小組，來討論並進行實際行動、實踐、體驗的詳細過程及做法。然而，在行動的過程中，往往也會遇到許多阻力，說明不能做的理由，筆者將之歸納為「七沒抵抗」：沒有人、沒時間、沒地方、沒有錢、沒條件、沒辦法、沒允許等，種種不能做的理由。事實上，這些理由對我們的改革來說一點用處都沒有，我們只要有一個肯運轉的頭腦就夠了。所以，對於行動的態度和觀念也要做改革，才能實現 APIS 的理想境界。所以，筆者就將過去三十年的輔導經驗歸納出如下的 APIS 改革行動二十守則，協助讀者突破這個困境。

1. 好就是不好、不好就是好，要能永無止境地改善下去

好就是不好，是指如果我們覺得公司內的一切事情都是很好了，那反而不是一件好事。因為表示我們都滿意現狀，因而失去了更進一步的改善機會。反之，若能發現公司內有不好的地方可以改善，反而是一件好事。這樣就能夠永遠有改善的機會，持續進步下去。然而，卻有些人會把這句話解讀為「做錯」也是一件好事，這可就誤會了此句話的意義。做錯事是指事前已經有明確的標準操作程序書規範，卻不依照規範去做，這是犯錯，而不是不好。不好是指過去我們所不知道的潛在問題，現在被發掘出來而有改善機會。任何公司內部都有許多潛在問題，只是我們不知道而已，是故沒有問題才是最大的問題。要發掘更多的問題就必須先具備 APIS 的思想、觀念、知識。

2. 永無止境地改善

欲永無止境地改善，首先必須做到下列各點：

◆ 提高勞動生產力。

◆ 減少不良率。

◆降低庫存。
◆縮短交期時間。
◆節省生產空間。
◆提高設備可動率。

所謂永無止境地改善下去，是要改善什麼呢？如果不知道要改善什麼的話，當然也就找不到問題來改善了。事實上，所有改善的最終結果，就是提升企業經營的六大關鍵指標：

(1)勞働生產力：提升每個員工每小時的產出量或產值，可以降低成本及減少人力需求、缺人的問題。
(2)減少不良率：可以減少不良品的人工、材料、管理成本的損失，也間接提升了勞働生產力及穩定生產交期。
(3)降低庫存：降低庫存的表面效果，是減少庫存積壓資金、減少儲存空間、降低管理成本、在製品庫存的降低更是縮短生產交期的必要條件。潛在的效果是可以讓我們有更多的改善機會產生，例如為降低庫存，須先做好縮短換模切換時間。

(4)縮短交期時間：縮短交期時間也會帶動許多潛在的改善機會。例如必須實施一個流、一貫化、一體化的真龍小線，才能有效地縮短交期時間。

(5)節省生產空間：節約資源、保護環境、拯救地球的一個重要方向，要加以重視。

(6)提高設備可動率：對於高成本的自動化生產線而言，提高設備可動率是重要的關鍵之處。可動率低，產量就少，提高可動率，就等於提高產量。

3. 沒有問題才要改善，不是有問題才能改善

改善的過程中往往會遇到前述的七沒抵抗。然而，就是因為有了這些問題，才需要大家一起來動腦筋想出方法來克服這些困難，而不是懷抱理想，卻什麼都不用改變，就可以輕鬆實現。如果是這樣的話，那麼每個公司都能夠輕易地實現理想姿態了。事實上不然，誰有毅力能力去克服這些困難，才能實現理想姿態。

4. 打破傳統工序操作觀念

實施APIS，必須要打破傳統一個工序固定一人操作的觀念，朝一個工序可以多人操作及一個人可以操作多工序的方向發展。傳統採用機器別、功能別、集中式的

批量式、水平式生產布置方式，將導致作業人員都只能操作單一工序，也就是單能工的工作能力。

但若是應用在產品別、一個流、一貫化、一體化的真龍小線生產方式時，此法就不適合了。因為每一個工序所需要的工作時間不會完全相同，如果仍以一人固定操作一個工序的工作安排方式，會造成生產線平衡及人員效率低落、勞動生產力低、多用人員的浪費。所以，為了平衡每個人員工作時間的一致，可能某些作業人員就必須要有多能工的工作能力，以便彈性調整及安排操作必要之多工序的工作。這也是人員的彈性變化能力，是ＡＰＩＳ實施能否成功的關鍵因素之一。

5. 掌握五現原則

五現即指現場、現物、現實、現做、現查，應掌握五現原則，而不要只看書面紀錄。做改善時要先做好現況調查及真因追查，現況調查不徹底，就難以找到問題的真因；沒有掌握真因，改善的對策方向也跟著錯誤，當然沒有效果。大多數人的現況調查都是以過去的一段時間的書面文件紀錄，或是電腦上的統計資料為依據，這並非很好的方法，因為這些資料大多過於簡化失真，同時為歷史性的資料，對於尋找問題的真因幫助不大。

最好的方式是要有五現原則的做法——親臨現場、觀察現物、了解現實、立即現做、效果現查。好好在現場觀察現物四小時以上，就可以了解許多報表上、電腦上所看不到的事實，並查明真因所在。

6. 有五十分把握即可嘗試改善

如有五十分把握，就應立即行動，不要等到一百分把握才去做改善。找到真因之後，就要尋找對策去嘗試改善的效果。當提出改善的構想時，往往會有人立即反應道：這不可行、這以前有做過沒有效果、客戶說不可以這樣做、這很困難…等不能做的理由，放棄試驗對策，因而失去機會，甚為可惜。只要我們認為有五十分把握即可嘗試去做做看，讓事實的結果來驗證可行或不可行。就筆者的經驗來說，百分之九十後來都證實為可行；縱使不可行，也可以從中了解不可行的地方何在，促使我們有機會再發展思考下一個可行的改善對策。簡單來說，每一次的失敗就是往成功的目標邁進了一步。

7. 多方嘗試，成功非一蹴可及

從上述的說明，可以了解改善對策試行往往不是一次就能成功到位。常常會想出一個解決問題的方法後，卻又衍生出另一個新的問題。不可因產生新問題就認為原來的改善對策無效而放棄。應該針對新的問題，繼續研究新的解決對策，直至所有的問題解決為止。筆者曾經有過這樣的經驗，一個狀況歷經七次問題—對策的循環，才得以解決。

8. 貫徹拙速巧久精神

改善對策的嘗試，必須貫徹「拙速巧久」的精神，馬上親自動手去做，而不要坐在會議室思考討論。在改善活動中，要以最簡易、成本低廉，縱使不堅固、不耐用、不美觀，卻能快速地嘗試改善的對策，確認改善的效果。如果效果不彰，則可再次以迅速、低成本的方式，嘗試另一個改善對策。這是快速試驗、快速確認、快速學習、快速成功的意義。一但成功，再考慮如何使之永久、堅固、美觀、耐用，千萬不要坐在會議室討論該怎麼做、如何設計繪圖，再請採購部門尋找外部供應商製作。此舉不但曠日廢時，成本高昂，又必須一改再改，進而耽誤改善時程。

9. 用頭腦，而非金錢克服問題

改善的另一個重要的觀念，是任何的改善的對策，都要先思考是否能由眾人集思廣義，想出可自己動手做的方法。這種方法有二大好處，一是成本低廉，又能快速完成；二是競爭對手不知道，或是想不出我們自己提出的方法。

不要每次想到改善對策，就先想到花錢向外面的供應商購入機器設備。筆者認為這種做法，不是我們自身的改善，而是供應商的改善，也無法提升我們的競爭力。因為我們有錢可以購買機器，競爭對手也有錢可以購買相同的設備，怎能勝過競爭對手呢？

10. 不為「不能做」找藉口

要持續成長就必須持續改善，持續找出改善的機會，要朝徹底消除七大無駄、提升企業經營的六大關鍵指標，具體而言，即是朝實現ＡＰＩＳ生產技術的五大核心方向努力，達成理想姿態。不要將時間及精力用在解釋不能做的理由，理由再多，一點用處都沒有，若要講理由，每個人都可以說出無數的藉口。

11. 建立ＡＰＩＳ五大核心方向

企業的理想姿態，即是建立ＡＰＩＳ的五大核心方向：

- ◆真龍小線、麻雀工廠。
- ◆滾動十三週計畫體系、4P預防管理。
- ◆快速切換、互助工多序工的彈性化生產線。
- ◆安定、顏色目視化管理、容易發現異常的生產線。
- ◆3P生產準備、快速開發量產。

要實現APIS，首先要做好一個流、一貫化、一體化，沒有離島工序的真龍小線的生產線。再來要實現滾動十三週生產計畫體系，做好人力、機器、材料的資源準備工作，減少缺人、缺機、缺料的情況發生的預防管理。此外，也要減少切換時間，培訓作業員的多能工能力，以彈性調整生產線機器布置及人員多序工彈性安排的機制，對應市場需求量的變化，並相互協助前後工序作業員的工作。

再來，要建立故障少可動率高、不良少的安定化生產線，並做好5S環境管理及目視管理和倉儲管理及先進先出管理，使生產線成為容易曝露問題的管理機制。最後在學習應用了上述四大核心技術方向，可以將之運用在新產品開發至量產的3P生產準備，使能做到完美無缺的快速開發到量產的過程。

12. 發揮團隊互助精神

ＡＰＩＳ的自主研究會的改善小組，是跨部門組成的臨時任務性組織，應以解決問題為導向，而非研究問題屬何部門的責任歸屬，並命該部門負責改善，這是傳統的分工合作觀念。事實證明，分工反而會導致不合作，因為每個部門優先考慮的，都是自己的利益，但一個問題的解決，通常會牽涉不同部門間工作方式的改變，若每個部門都不願接受改變，當然也解決不了問題。所以，要改抱持「合作分工」的新觀念，大家有共同的目標，才能分工發揮團隊互助精神共同努力達成，對每個部門都有好處。

13. 找出問題的真正根源所在

前文的「問五次為什麼」，不是指一定要問五次為什麼，而是要追根究柢地提問，直至找到真因為止。有些人對於問題的探討都僅止於表面的理由，而沒有深入探討真正底因何在，甚至先入為主，以過去的經驗去論斷原因。此外，探討真因是要以個案調查為主，並且採用五現原則及真因追查七手法才能找到真因。而不是去說明一個問題所有各種可能的通案的原因，這種通案的原因對於問題的解決幫助不大。

14. 問題即機會，改善即行善；先顧大局，例外情況，例外處理

許多人談到問題的第一個反應，就是說明問題存在的原因或理由。這是因為多數人對於「問題」一詞，都抱有負面的想法，遂會有如此反應。我們要打破傳統觀念，先平心靜氣地聽聽問題的敘述是不是有道理。如果這些問題能解決，是否會帶來更好的結果。因此，要把這些潛在的問題視為擁有更好未來的機會。而改善的行動，也就是在實現更好的未來，也就是做善事。

對於一個問題，通常會有不同的解決方案。每一個方案都有其利弊。要找到一個完全沒有不利，而且能夠解決全部問題的方案，有時是很困難的。這時可以選擇利大於弊最多的方案，雖然不能夠解決全部的問題，但是可以先解決大部分的問題，也就可以先實施這一個方案了。至於少部分的問題若仍然無法解決，可以暫時採用原來的工作方法。待日後有進一步的改善方案時再繼續解決。這就是先顧大局，先解決大部分的問題，例外情況就是指少部分例外的情況，再例外處理就是採取原來的工作方法或是另外一種工作方法的意思。

15. 觀察三無，消除三等

經常有人問到，如何觀察生產現場有無問題存在？這是一個很好的問題。我們經常

說沒有問題才是真正的大問題，此話雖人人會說，可是事實上，即便是公司內任職數十年的高階主管，也有看不出問題的時候。

筆者曾經輔導一家日資公司的工廠，其副總經理看筆者在現場四處指出問題，並提出改善的機會時，就問道：「老師，您為何能夠看出這麼多問題，而我們在工廠裡已做了幾十年，天天都在現場看，卻都看不出來問題在哪裡呢？」筆者答道：「要看出問題，得先要從我們的思想觀念知識見解改變起，才能有更多的機會發現問題的所在。」

筆者將這些觀念歸納為三無及三等的現象。三無指無駄、無理及無穩；三等則指人等、機等、物等。

(1)三無：

◆無駄：即指本書曾介紹之七大無駄。

◆無理：指不合理的事，例如於製作完成的製品上塗防鏽油，以防存放過久生鏽；可是下工序生產前，又必須將防鏽油洗掉。或是經過自動剪腳機剪腳後，又須人工再修剪一次。再如將製作完成的在製品用繩子綑住，下工序生產時又須解開繩子才能工作。

◆無穩：就是指不穩定，包括作業員每次作業的動作時間長短變化很大，機器設備故障或瞬停頻繁，品質不穩定，不良多、重修品多等皆是。

(2) 三等

◆人等：人員有等待現象發生，沒有在工作。

◆機等：指機器設備在不應該停機的狀況下而竟然停機下來在等待。

◆物等：指在製品在生產線上停留等待下一工序的繼續加工。

或許大家都知道問題所在，但是多數人的反應不是思考如何去解決這些問題，反而是說明問題存在或是不能做的理由。由此可見，思想意識要先改革，才能有進步的機會。

16. 改善固可喜，維持更重要

維持即是要遵守標準作業，經過改善之後固然可以得到改善的成果，但是效果如果沒法維持下去，時間一久又退回原來的狀態，等於是白忙一場。所以，在改善之後的初期，管理者要經常去巡視觀察改善情形是否持續。多去關心，指正鼓勵，時間一久員工養成新的習慣就容易維持維持，不要期望只發布一道規定，員工就能夠改變長期以來的舊習慣做法。習慣的改變須花費時間，養成新的習慣才能達成。

談到維持，就得遵守APIS的標準作業票（Standard Work Sheet），這與一般的標準操作程序書是不同的。標準作業票是指生產線的最佳人員數、機器設備數、標準手持在製量及作業員一人多工序操作時的作業動作順序的安排。更重要的還有標示每小時的目標產量。維持也包括要經常保持實際的產出量，以達原來設定的目標產量。若沒有達標，就要再繼續努力改善，直到達成目標為止。

17. 具備管理循環四大意識

管理循環四大意識即指：

(1) 品質意識：計畫（Plan）。
(2) 維持意識：執行（Do）。
(3) 問題意識：查核（Check）。
(4) 改善意識：處置（Action）。

所謂管理四大意識，就是一般人常說的「ＰＤＣＡ管理循環」。這是管理學的一個基本觀念。管理的出發點為計畫，必須先有計畫、目標、期望、標準、規則做為行事的方向，也相當於品質意識，才能做出符合產品品質的要求。

執行是依照原先的計畫標準妥善進行，也可說是維持意識，即要能保持在達標的狀態。查核就是要觀察、查覺、跟蹤實際執行的結果與原先的計畫目標是否有差異，差異過大，表示有問題產生，要進一步追查問題的真因，這就是問題意識。不要有差異過大卻仍沒有任何行動，甚至只是說明造成差異的表面原因。有問題，並找出真因，接著就要提出解決問題的方法，這就是改善意識。在改善之後，又產生了新的標準，有了新標準就要確實執行，執行之後又要查核找出異常真因，又再加以改善，又產生了新標準，如此不斷地循環，水準也就往上提升。所以有一個說法：「標準要常常改才好，ＰＤＣＡ要循環快才好。」

18. 尋求協助、迅速行動

有問題時，須找老師教導，並盡快進行。如知道問題，卻做不到，也須找老師指導，並盡快進行。如能解決問題，則要實質鼓勵。

ＰＤＣＡ的循環要快才好，眾所皆知。然而，事實上，其困難點往往是缺乏解決問題的更佳改善對策；甚至是不懂得利用外在資源來協助自己解決問題。就筆者輔導的經驗，常遇到老師指出問題及改善方法，但公司內部人員試行後發現這個方法會產生新的困難，就下結論認為這方法不可行，而作罷的情形。

筆者覺得很可惜，遂經常告訴公司內部的員工，老師是來協助公司解決困難問題的，改善改革效果要快，就要懂得好好利用老師。有問題就去找老師協助，老師教導改善的方法就要以最快的速度，用拙速巧久的做法試行。無法達成效果，或是有新的困難及問題，再趕快尋求老師的協助。如此循環，只要有問題就找老師，直至問題解決為止。

如果問題解決了，公司管理階層可以給予一些激勵的措施，以鼓舞員工的改善意識，公司的進步自然又快又大。

19. 節約資源、保護環境、拯救地球、造福人類、永續生存

近年來，世界氣候變遷，地球環境產生巨大變化。這些都是過去一百多年來，人類為了經濟發展，而耗用許多自然資源。從前，人們認為短期內看不出如此行為會對地球環境造成什麼樣的影響及傷害，經過數十年無限制的耗用後，就產生了今天所看到的後果，為時已晚。如我們再不好好努力節約自然資源的耗用，人類將會面臨

更惡劣的後果。所以，我們要有節約各種資源的耗用來保護地球環境，才能造福人類使人類可以永續生存。而企業節約資源的最佳方法，就是依賴ＡＰＩＳ先進生產改革技術中的心、技、體來實踐，因為透過ＡＰＩＳ的改革，我們可以節約許多資源的耗用，包括土地、設備、材料、人力、能源等。經由筆者輔導的改善，可以在原有土地廠房空間不變，以及人員數不增加的狀況下，使產量倍增，因而可節約許多不同的資源。

20. 不力行，但學文，長浮華，成何人
但力行，不學文，任己見，昧理真
既力行，又學文，成偉業，享富貴

不力行到昧理真二行，是出自《弟子規》一書。大意是指若不力行實做，只一味地上課、聽課、看書，增長知識，自認為都理解，也能跟上時代的潮流，這只是虛長了浮華的心態，何以成為一個有成就的人？知而不行的人，當然一事無成。另一方面，有些人只顧行動努力去做，看來不錯，然而，不學習新的知識與方法，一切僅憑自己過去的知識和經驗工作，昧於事實真理的存在，成就也有限了，真是可惜。不知而行，有時也會帶來反效果。

既力行又學文，是筆者自己加上去的，鼓勵讀者不但要力行實踐，也要不斷學習、吸收新知，從做中學、學中做不斷循環。終身學習、知行合一的人，知識經驗愈來愈多，成就也愈來愈大，產生良性的循環，終能成就偉大事業，並享受榮華富貴。

| 後記 |

APIS 改革成功公司分享

分享一　持續改善的迅誠公司

新紀元的開始

一九九四年，香港迅誠公司併入了美國 The Wiremold Company 集團旗下，成為集團在亞洲的首間子公司。當時的集團執行長 Arthur Byrne 先生馬上邀請其認識多年的台灣好友許文治老師，於一九九五年開始協助迅誠公司實施改善。

有幸得到許老師的一口允諾，於迅誠公司開展了「NPS 新生產技術」的改善工作，往後更導入「ANPS 先進新生產技術」的革新，並於二〇一五年再演化為「APIS 先進生產改革技術」。

迅誠公司自此進入了一個新的紀元，對其生產方式、管理觀念、經營方式及發展歷程，均有著革命性的影響。

不可思議的過去

迅誠公司是一家以電源濾波器及電流調控器為主要產品的製造商。自一九八五年成立以來，至一九九五年間，公司的生產方式都是以機器別、功能別、水平式、集中式、批量式的常見傳統的生產模式，與一般工廠的生產方式及管理觀念，沒有多大的分別。九零年代初期，很大程度受惠於在當時設廠所享有的低廉的工資、廠房租金、經營成本和充裕的工源，公司得到快速的成長。

在業務高速增長的同時，工廠面臨一系列擴張中企業所熟知的問題，例如產品品質下降、在製品日增、庫存日多、空間不足、機器設備產能不足、交期延長、付運延誤等，情況愈發嚴重。這些日益循環擴大的問題，不但使管理人員每天都疲於奔命地應付，更窒礙公司整體的發展速度。回想當時的景象，仍然歷歷在目。

工廠位在深圳的一個工業村內，四幢四層樓的工廠裡，車間樓層都以半製品、部件，如線路板、繞線圈、電路開關等工序別布置之。裝配車間二、三十條電動輸送帶的裝配線上，每條都坐著三、四十位作業員，車間走廊、各大廈之間的空間及大廈的樓梯上，都堆滿了在製品、成品、塑膠件和電源線。沖壓部的每台沖床前，都有一人坐著看守。另外，最經典的莫過於其中一樓層的配置，為重修微型斷路器裝配線所檢測出之不良品的專用區域，工作檯上堆積著數以萬計的待修不良品。該樓層被冠以「修理中心」之名！現在看來真有不可思議的感覺。

出發了！改善的旅程

一九九五年一月，在許老師的教導下，迅誠公司展開了第一回現場改善活動（Kaizen Event）。公司全體管理及技術人員共三十多人，從最高領導到各部門經理及工程師，全員參加。

第一天先接受許老師「NPS新生產技術」入門認識的授課。吸收包括一個流流線生產方式、二字型機器布置U字型逆時針物流的生產線布置、TT產距時間、七大無駄、生產效率、價值流程圖、5S環境管理及顏色目視管理、改善八大步驟等概念。之後，便馬上選定二個改善主題，組成二個「自主研究會」改善小組。小組成員放下手上所有工作，在其後的四天內，由許老師指導，依NPS方法在生產線現場動手改善。

改善活動的最後一天舉行了半天的發表會，小組長及組員輪流上台報告改善過程、確認成效、訂立標準、訂立跟蹤及水平展開計畫。最後由指導老師作總評及公司最高領導作嘉許，勉勵各參與改善的成員。

仍然持續改善

這樣的現場改善活動，在第一回結束後，便建立了每月一回，每回五天的標準運作方式持續進行。頭兩年，迅誠公司丟棄所有輸送帶，全廠生產線布置改為二字型，作業方式改成一個流流線，不額外投資，生產力竟也提升了百分之四十、不良品比率下降百分之九十、倉儲所用空間減少三分之一，成效立竿見影。

往後，公司管理階層組織了「改善委員會」，並設立了「改善辦公室」部門，全力推進改善活動，迄今已邁入第二十四年。一直以來，公司持續學習、實踐「ＮＰＳ新生產技術」，以及許老師以其多年輔導經驗，累積發展出的「ＡＮＰＳ先進新生產技術」，不斷在生產現場進行消除無駄、標準作業、管理目視化、快速切換、後拉式看板生產、自主保全、著著化、自働化等改善。除了生產現場的改善，改善活動也推廣到公司全角落，全方位進行，涵蓋了顧客服務、採購、物流、產品開發、ＩＴ訊息管理、辦公室作業、宿舍餐廳服務以至於人力資源、職工福利、閒餘活動、獎賞制度，對全體員工輔以ＡＮＰＳ「心、技、體」三大內涵持續的教育和訓練。

多面向的改善成果

直至二〇一七年為止，改善的成效不單只在營運方面得到長足的成果。庫存週轉數提升了五倍、不良品下降百分之九十九、生產交期下降至半天，賺得客戶長期的信任，業務持續增長，產品系列增加十多倍、產品型號超過三千個。令公司輕易渡過數度全球經濟低迷、金融風暴及海嘯的難關。且在同樣的工廠工地廠房面積下，為迅誠公司帶來營業額四倍多的增長，人均收入提升了三倍。同時，更重要的是，全體員工對工作及生活的心態，完全改變過來。大家更能在日常改善活動中，看得到、感受得到得到一起親手做出來的成果而得到喜悅。改善活動使同事之間的距離縮短，更促進眾人的互動與合作，工作變得更輕鬆、有趣味性，也更愉快，產生良性的循環。

改善成功的關鍵

ANPS的改善迄今已有二十四年，為我們帶來巨大的進步，尋找機會，發掘問題，永無止境地改善下去，已成為迅誠公司的企業文化及經營策略，並將穩健地發揚下去。我們的成功，有賴於三大關鍵元素：

首先是領導者對改善的信仰和實踐。集團總公司 The Wiremold Company 前執行長 Arthur Byrne，以及迅誠公司前任總經理兼創辦人姚冠尹先生，從實行改善之初，到退休離任的十年間，二位最高領導者均無間斷地身體力行，全程參與每個月一回五天的自主研究會改善活動，引領公司全體員工以堅定信念，排除各種障礙與困難，進行改善。他們對改善的投入、實踐，使整個管理團隊對改造生產的思想觀念，無不有所感動。

第二是管理團隊的紀律和執行力。公司虛心學習、尊師重道、多嘗試多實做、少發問少辨解，改變固有傳統觀念。本著信心、決心、耐心、關心、愛心、苦心及誠心，努力尋求改進的管理成員，沒有這團具備「七心」的成員，公司的改變，不會發生。

第三是有緣能與許文治老師相遇，接觸到 ANPS，並獲得許老師及台新企業管理公司各指導老師協助，傳授各種心技法。一直以來風雨無間，以他們改善輔導工作中不斷累積的寶貴經驗，毫無保留地指導我們每一個改善小組進行現場改善，一步一步實踐 ANPS 精妙之處。

繼續不斷前行

二〇一五年，許老師的「ANPS 先進新生產技術」又演進為「APIS 先進生產改革技術」，導入新的改革技術，包括老師自創之滾動十三週生產計畫體系的改善，目的是提前做好生產資源準備及平準化工作，依據客戶訂單交期順序先進先出及時生產。依據正常人力產能分割十三週生產計畫，計算生產三大資源——人力、機器、材料的需求計畫表，檢討交期是否延誤，並進行調整。此方法不僅給我們帶來了穩定化的生產，提升了交貨準時率，並減少生產線停產的損失及降低了庫存。

在二〇一八年開始，許老師又再教我們「3P生產準備」，指導我們在新產品開發時，即能同步開發出最有競爭力的成本及品質的產品，並設計出能夠以最少的空間需求、最低的設備成本、零不良的品質保證的機制、最少的在製品、最快的生產交期及最大產出量的生產線的設計方法，使我們的競爭力又向上提升了。

我們堅信持續進行APIS的改善改革，力行改革行動二十守則，正是能令我們在這全球化，極度競爭的營商環境中，不會落後，且能得以永續生存成長的不二法門。在各位指導老師的持續指導下，我們能以更愉快的心情，進行APIS改革的旅程，在同業內保持領先地位，成為最佳典範的公司。

迅誠電業有限公司總經理　彭嘉琪

二〇一八年五月

分享二　改善卓越的雷茲達公司

從不普通的普通日子開始

二〇一四年十二月九日，星期二，許文治老師第一次來到我們公司。這個普通得不能再普通的日子，卻成為改變我們公司命運的重要時刻。

做為一家美國在華投資經營近二十年的工廠，我們承擔著集團生產服務的重要任務。隨著外部經濟環境的不斷變化，日益競爭的不斷加劇，以及原材料成本的上漲，勞動力成本低廉的優勢正逐漸消失，成本不斷上升。我們面臨巨大的壓力和挑戰。從二〇〇八年到二〇一四年間，我們不斷嘗試各種管理方法，卻始終無法突破。

成為一個強大、有競爭力，持續健康發展的公司，一直是我們的目標。可是，我們卻離這個目標越來越遠，機會越來越渺茫。我們的內心一直是焦慮的，不能改變，就意味著將被集團拋棄。

脫胎換骨的改變成果

這一切改變，從許文治老師帶著強大的ＡＰＩＳ教導我們改革開始。首先改變我們常見的水平式、分段式、坐姿式、單能工、批量流、直線型生產線布置生產方式，改為一個流、連續流、同步流、走動式、多序工、二字型的生產線布置及生產方式。也學習應用真因追查七手法，從根源防錯減少不良率。導入快速切換、後拉式Kanban生產方式，而大幅度降低在製品庫存及縮短生產交期天數。也進行了將成品倉庫改為成品走庫，減少了倉庫的作業人員以及縮短裝貨出櫃的時間。

從二〇一五年至二〇一七年的三年內，我們獲得意想不到的多面向驚人成果。我們的生產空間面積及倉庫面積減少了三十八％，作業員人數減少了四十五％。我們不再為缺工而困擾，同時產出量又提升了三十九％，勞動生產力則提升為改善前的二・五倍。品質不良率降至改善前的十八％，亦即減少了八十二％。材料成本的節約、人員流失率、存貨周轉率也隨之一路轉好。每一次的改善，每一天的進步，無不是老師們耐心教導和智慧結晶的凝聚！而這樣的變化，還在繼續中……

許老師在二〇一八年又帶入了３Ｐ生產準備，強化每一條生產線，使其能有最大的產能發揮，使我們的產量再度提升。同時，許老師也導入了滾動十三週生產計畫體系，讓我們能夠做好生產資源的準備工作，4P預防管理與先進先出的及時生產，以及穩定生產的平準化生產方式，也讓我們期待有更多突破性的成果展現。

讓我們過著快樂幸福的日子

這樣的進步和改變，讓集團管理層大為驚嘆！美國母公司幾次派團隊前來學習，也把APIS先進生產改革技術帶到美國的其他工廠。這樣的改變連我們自己都瞠目結舌，倍感自豪。

這不僅是公司效率的提升，更重要的是我們團隊和人員的變化。許老師教導的「人人可以改善、事事可以改善、時時可以改善」和APIS的體系打破了傳統觀念，改變了我們工作的模式，激發了團隊的工作熱情，真正做到合作分工、全員參與、協同作戰。工作變得輕鬆愉快，改善更深入生活，每個人都在快樂中進步成長，幸福地過著每一天。

朝著更崇高理想的目標繼續改善

許文治老師創建的「APIS先進生產改革技術」自成一體，博大精深，不僅僅帶來了先進生產改革的技術、卓越的管理方式，更蘊含了深厚的哲學智慧。企業不僅僅要創造高利潤，更要端賴APIS的改革技術，達成節約生產資源，進而保護環境，拯救地球，造福人類，永續生存的崇高理想的目標。我們迄今所學到的也不過是冰山一角。今天，我們仍在改善改革的路上。我們的改革才剛剛起航，讓我們每個人懷揣老師崇高的理想，不忘初心，繼續努力，向成為偉大的企業進軍！

一個強大健康的公司，才能有能力負起社會責任，沒有實力在生死線上掙扎的企業，往往會成為社會的負擔。祝願天下所有和我們一樣，曾在困惑中掙扎的企業和管理者，早聞道，找到方向帶領企業走向成功和輝煌！

感恩許文治老師，承蒙同一集團下兄弟公司東莞迅誠電業有限公司總經理彭嘉琪先生的引領，並有幸得之教誨，終生受益！感恩黎沃宏老師及所有幫助我們的老師們！感恩之情無以言表，願天下蒼生得之，幸哉！

雷茲達電子（東莞）有限公司總經理　劉敏鵑

二〇一八年五月

- OJT ソリューションズ，《最強のチームをつくる トヨタの上司》，KADOKAWA，2016。
- OJT ソリューションズ，《トヨタ仕事の基本大全》，2016。
- OJT ソリューションズ，《トヨタの片づけ》，KADOKAWA，2016。
- OJT ソリューションズ，《トヨタの習慣》，KADOKAWA，2017。
- 堀切俊雄，《トヨタ原価》，かんき出版，2016。

- 齋藤賢明，《ラクで楽しい改善レシピ》，日刊工業新聞社，2002。
- 高橋誠，《解決力》，日科技連，2006。
- 飯久保廣嗣，《問題解決力》，日本経済新聞出版社，2009。
- 飯久保廣嗣，《問題解決の思考技術》，日本経済新聞出版社，2014。
- 金子昭三，《トヨタ vs GM 21 世紀への対決》，日本実業出版社，1986。
- 安田有三，《トヨタの創意くふう提案活動》，日本能率協会，1989。
- 植田正也，《トヨタの宣伝戦略》，講談社，1989。
- 森野辺栄次郎，《トヨタの人材戦略》，ダイヤモンド社，1989。
- 若松義人，《トヨタ式視える化読本》，宝島社，2006。
- 若松義人，《最強トヨタの 7 つの習慣》，大和書房，2006。
- 柴田昌治、金田秀治，《トヨタ式最強の経營》，日本経済新聞社，2006。
- 青木幹晴，《トヨタ生產工場のしくみ》，日本実業出版社，2009。
- 青木幹晴，《トヨタ產工場（生產管理、品質管理）のしくみ》，日本実業出版社，2011。
- OJT ソリューションズ，《トヨタの口ぐせ》，中経出版，2013。
- OJT ソリューションズ，《強い現場をつくる トヨタの上司》，中経出版，2013。

- 小野寺勝重，《FMEA 手法と実践事例》，日科技連，2006。
- 益田昭彥、青木茂弘、幸田武久、高橋正弘、中村雅文、和田浩，《》新 FTA 技法，日科技連，2017。
- 高原真編、秋山兼夫，《VE 活動の実践ステップ》，経營実務出版，1991。
- 実践経營研究会，《IE7 っ道具》，日刊工業新聞社，1993。
- 波形克彥，《卸売業のため多品種少量物流システム読本》，ビジネス社，1990。
- 佐滕良明，《工場内物流》，日刊工業新聞社，1991。
- 菊池康也，《物流管理論》，税務経理協会，1997。
- 岡上友太郎、桜井多賀司，《在庫管理のしくみと実務》，同文舘，2000。
- 若槻直、大場允晶，《デリバリー管理》，日刊工業新聞社，2001。
- 田島悟，《生產管理の基本》，KADOKAWA，2017。
- 東海銀行経營相談所，《顧客管理の要点》，東洋経済新報社，1975。
- 神田範明，《商品企画七つ道具》，日科技連，1997。
- 今野勤、井上清和、中野惠司、安部有正、林裕人、池田光司，《開発、設計の効率化》，日科技連，2006。
- 実践経營研究会，《現場管理者にパウーをつける事典》，日刊工業新聞社，1991。
- 実践経營研究会，《現場管理者のための 7 つ道具集》，日刊工業新聞社，1991。
- 東澤文二，《改善のはなし》，日刊工業新聞社，1997。

- 南　賢治、片山清三台，《慢性不良撲滅法》，日科技連，2005。
- 日本プラントメンテナンス協会編，《自主保全の進め方》，日本能率協会，1988。
- 日本プラントメンテナンス協会編，《個別改善の進め方》，日本能率協会，1988。
- 日本プラントメンテナンス協会編，《私たちの TPM》，日本能率協会，1991。
- 日本プラントメンテナンス協会編，《設備診断べからず集》，日本能率協会，1991。
- 杉浦政好，《チョコ停ロス 0 への挑戦》，日本プラントメンテナンス協会，1995。
- マシンデザイナーズ、クラブ編，《設備改善大事典》，日刊工業新聞社，1995。
- 長田貴、土屋正司、中西勝美，《TPM》，日刊工業新聞社，1997。
- 田代日出夫，《工場メンテナンスの実践ノウハウ 65 か条》，日刊工業新聞社，2002。
- 石川君雄，《よくわかる設備改善の本》，日刊工業新聞社，2011。
- 長田貴，《5S ノウハウ集》，日本能率協会，1990。
- QC サークル本部，《QC サークル活動運営の基本》，日科技連，1997。
- 新 QC 七つ道具研究会，《やさしい新 QC 七つ道具》，日科技連，1997。
- 渡部義晴，《実践タグチメソッド》，日科技連，2006。

- 武田 仁、柳井尚武、三好茂延，《日曜大工で出来る簡便自動化》，日刊工業新聞社，1997。
- エス、ピイ、エス経營研究所，《簡便自動化大全》，日刊工業新聞社，2002。
- 山崎功郎，《マンガ The Kanban》，日刊工業新聞社，1990。
- 新鄉重夫，《シングル段時間取への原点的志向》，日本能率協会，1983。
- 関根憲一、新井啟介，《ゼロ段取り改善手順》，日刊工業新聞社，1987。
- 石川君雄，《よくわかる段取り改善の本》，日刊工業新聞社，2010。
- （株）OJT ソリューションズ，《トヨタの段取り》，株式会社KAD。
- 鐘淵化学工業（株）ポカヨケ研究会，《裝置型職業場のポカヨケ活動》，日本能率協会，1991。
- 澤田善次郎，《ポカヨケ》，日本規格協会，1993。
- 澤田善次郎，《不良低減》，日本規格協会，1994。
- エス・ピイ・エス経營研究所，《ポカミズ撲滅大全》，日刊工業新聞社，2002。
- 中村茂弘，《不良対策とムダ排除スピード実践ガイド》，日刊工業新聞社，2002。
- 藤井春雄，《よくわかるポカヨケの本》，日刊工業新聞社，2010。
- 谷村富男，《ヒューマンエラーの分析と防止》，日科技連，1995。
- 古畑友三，《5 ゲン主義入門》，日科技連，1996。

- 岩室宏，《セル生産システム》，日刊工業新聞社，2002。
- 平野裕之，《工場を合理化する事典》，日刊工業新聞社，1984。
- 平野裕之，《JIT 導入 100 の Q&A》，日刊工業新聞社，1989。
- 平野裕之，《ポカヨケ導入の実際》，日刊工業新聞社，1990。
- 平野裕之，《在庫管理の仕事がわかる本》，日本実業出版社，1991。
- 平野裕之，《間接ジャストインタイム》，日刊工業新聞社，1995。
- 平野裕之，《一つずつ造れば安くなる》，日刊工業新聞社，1997。
- 平野裕之，《製造企業と生產管理》，日刊工業新聞社，2001。
- 平野裕之，《意識改革と 5S・3 定》，日刊工業新聞社，2001。
- 平野裕之，《新作業研究》，日刊工業新聞社，2001。
- 平野裕之，《流れ生產と 1 個流し》，日刊工業新聞社，2001。
- 平野裕之，《多工程持ちと少人化》，日刊工業新聞社，2001。
- 平野裕之，《平準化と標準作業》，日刊工業新聞社，2001。
- 平野裕之，《かんばんと目で見る管理》，日刊工業新聞社，2001。
- 平野裕之，《品質保証と自働化》，日刊工業新聞社，2001。
- 平野裕之，《段取り替えと保全、安全》，日刊工業新聞社，2001。
- 平野裕之，《フレキシブル統合生產システム》，日刊工業新聞社，2001。
- 平野裕之，《生產改革と評価》，日刊工業新聞社，2001。

- Byrne, Arthur, *The Lean Turnaround Action Guide*, McGraw-Hill Education, 2017.
- Zandin, Kjell B., *Maynard's Industrial Engineering Handbook*, 5th Edition, McGraw-Hill Companies Inc., 2001.
- 野口恒，トヨタ生產方式を創った男大野耐一の闘い，TBS ブリタニカ，1988。
- 日本生產管理学会，トヨタ生產方式，日刊工業新聞社，1996。
- トヨタ生產方式を考える会，トヨタ生產方式を理解するためのキーワード集，日刊工業新聞社，2001。
- 門田安弘，《タヨタの現場管理》，日本能率協会，1978。
- 門田安弘，《トヨタ生產方式の新展開》，日本能率協会，1983。
- 門田安弘，《自動車產業の JIT 生產方式》，日本能率協会，1989。
- 門田安弘，《新トヨタシステム》，講談社，1991。
- 門田安弘，《トヨタの経営システム》，日本能率協会，1991。
- 関根憲一，《トヨタカンバン方式》，日刊工業新聞社，1981。
- 大槻憲昭，《トヨタの新かんばん方式》，中経出版，1985。
- 篠原勲，《NPS の奇跡》，東洋経済新報社，1985。
- 篠原勲，《NPS 不滅の経營》，東洋経済新報社，1989。
- 高橋功，《実践 NPS 経營》，プレジデント社，1990。
- 木下幹彌，《NPS の極意》，東洋経済新報社，2015。
- 川﨑享，《NPS の神髓》，東洋経済新報社，2017。
- JIT 経營研究所，《J IT 工場革命》，日刊工業新聞社，1987。
- 山田日登志，《現場のムダどり事典》，日刊工業新聞社，1989。

參考文獻

- 許文治，《工作改善（IE）七手法教材》，中興管理顧問公司，1987。
- 許文治，《NPS 新生產技術的魅力》，聯經出版事業公司，1995。
- 許文治，《生產意識大改革》，聯經出版事業公司，2001。
- 許文治，《NPS 現場管理操作手冊》，廣東經濟出版社，2002。
- 許文治，《生產線再造革命》，聯經出版事業公司，2003。
- 許文治，《自働化設備的再造革新》，財團法人中衛發展中心，2003。
- 許文治，《快速開發生產交貨》，財團法人中衛發展中心，2004。
- 許文治，《零 PPM 不良的品質管理》，財團法人中衛發展中心，2005。
- 今井正明，*Gemba Kaizen*，McGraw-Hill Education，1997。。
- 岩田良樹，*How to implement Kaizen in manufacturing*，新技術研究所，1991。
- 中尾千尋，《3P 生產準備》，新技術研究所，2014。
- Womack, James P. and Johns, Daniel T., *Lean Thinking*, Simon & Schuster Inc., 1996.
- Rother, Mike and Shook, John, *Learning to See*, Lean Enterprise Institute, 1998.

APIS：先進生產改革技術

2019年5月初版　　定價：新臺幣360元
2020年6月初版第五刷

著　　者　許文治
特約編輯　林葳蓁
封面設計　王　穎
內文排版　周姿婷

出版者　聯經出版事業股份有限公司
地址　新北市汐止區大同路一段369號1樓
叢書編輯電話　(02)86925588轉5315
台北聯經書房　台北市新生南路三段94號
電話　(02)23620308
台中分公司　台中市北區崇德路一段198號
暨門市電話　(04)22312023
台中電子信箱　e-mail：linking2@ms42.hinet.net
郵政劃撥帳戶第0100559-3號
郵撥電話　(02)23620308
印刷者　世和印製企業有限公司
總經銷　聯合發行股份有限公司
發行所　新北市新店區寶橋路235巷6弄6號2樓
電話　(02)29178022

副總編輯　陳逸華
總經理　陳芝宇
社　　長　羅國俊
發行人　林載爵

行政院新聞局出版事業登記證局版臺業字第0130號

本書如有缺頁，破損，倒裝請寄回台北聯經書房更換。　ISBN 978-957-08-5297-4 (平裝)
聯經網址：www.linkingbooks.com.tw
電子信箱：linking@udngroup.com

國家圖書館出版品預行編目資料

APIS：先進生產改革技術/許文治著．初版．新北市．
聯經．2019年5月（民108年）．392面．14.8×21公分
ISBN 978-957-08-5297-4（平裝）
[2020年6月初版第五刷]

1.生產技術

555.66 108004658